Préface

Quand on m'a demandé d'écrire sa préface, j'avais cru mal comprendre, avant d'éclater de rire croyant à une minable plaisanterie. Je sais que les mémoires s'écrivent de plus en plus jeunes aujourd'hui, mais… Bien qu'en ce début de siècle, si vous avez été célèbre ne serait-ce qu'un bref instant, et quand je dis célèbre, j'entends par ce mot un bref passage à la sacro-sainte télévision ou encore à un héros Internet au comique répétitif, cinq millions de lectures sur downmachin, alors vous sentez légitime d'exposer votre vie au public ignorant, même si l'événement majeur de votre existence a été jusque-là votre échec au baccalauréat. Ces vedettes passagères sont convaincues que l'extraordinaire destinée qui les a menées à cette minute de célébrité mérite d'être contée. Ainsi fleurissent régulièrement des livres éphémères de jeunes célébri-télés décérébrés, d'internautes internés, osant croire que leur courte vie puisse intéresser le commun des mortels. Mais pour cet ouvrage que j'ai le grand honneur de préfacer, il ne s'agit pas de ce genre de personnage malgré la jeunesse de son auteur qui, je vous l'accorde, peut surprendre. Son histoire est saisissante et il est impossible de rester insensible à cette incroyable aventure que nous avons pourtant tous vécue et ainsi, de partager un peu de son destin. Comment en si peu de temps, cet être a-t-il pu survivre à cette grande tragédie de la vie, comment aujourd'hui ose-t-il en parler, mieux l'écrire. Mais laissons l'auteur s'exprimer, ce qui vaut mieux que mon trop long et laborieux discours.

Premier et dernier chapitre

Areu!!!

L'usine nouvelle

Par la baie vitrée qui dominait l'ensemble des chaînes de montage, le directeur admirait avec orgueil l'usine qui tournait à plein régime. Parfois, il s'imaginait entendre une musique techno accompagner les rotations et les déplacements des engins mécanisés lui rappelant les danses modernes d'un autre temps. Soudain, il s'exclama : « Stop ». Aussitôt, les chaînes s'immobilisèrent. « Go » dit le directeur. Et les chaînes repartirent à son ordre. Le directeur surpuissant recommença ce petit manège plusieurs fois, puis un peu las de son petit jeu, il se retourna vers son bureau. La pièce était vaste avec un grand bureau en forme de U au centre et sur lequel étaient posés trois écrans. De chaque côté, des armoires intégrées recouvraient les murs, et face au bureau et à la baie vitrée, une large porte à double battant qui s'ouvrit devant le directeur des automatismes, un homme assez insignifiant.

« Bonjour, Charles. Merveilleux, s'exclama le directeur. Quand je vais montrer ces machines à nos actionnaires !
- N'est-ce pas ? Plus aucun humain n'a besoin d'entrer dans cette usine, ces machines sont en totale autarcie.
- Je dois vous le confesser, je pensais cela impossible.
- Ce fut un travail passionnant.
- J'avais bien fait de miser sur vous.
- Je n'ai pas compté mes heures, ainsi que nos sous-traitants.
- Je sais, je sais. Le consortium Mecca vous doit énormément. Mais les actionnaires arrivent dans cinq minutes et je dois les accueillir.
- Voulez-vous que je reste ?
- Non, non. Je vous raccompagne. »

Les deux hommes se dirigèrent vers la porte à double battant qui s'ouvrit automatiquement à leur approche et ils pénétrèrent dans un hall de verre d'une hauteur digne des plus grandes cathédrales. Au milieu, une fontaine aux multiples jets baroques fonctionnait à pleine eau, autour de laquelle un robot nettoyeur tournait en musique, ou plutôt dansait en décrivant des arabesques avec son balai. Ils arrivèrent à l'entrée après une traversée d'une cinquantaine de mètres.

« Vous avez fait de l'excellent travail ! répéta le directeur.
- Merci. »
Le directeur des automatismes sortit son badge pour ouvrir la porte d'entrée, mais cette dernière ne réagit pas.

« Tiens, c'est bizarre ?
- Vous m'avez dit qu'un seul homme pouvait s'occuper de cette usine, dit le directeur en sortant son badge.
- Oui…
- Eh bien, il y en a un de trop, et comme je suis le directeur… dit-il en ouvrant la porte avec son badge.
- Mais avec tout ce que j'ai fait…
- Eh oui ! dit gentiment le directeur en poussant son adjoint dehors. Votre lettre de licenciement vous attend chez vous.
- Vous n'êtes qu'un…
- Et même plus, si vous le souhaitez, répondit le directeur, moqueur.
- Vous ne connaissez pas ces machines, s'énerva le directeur des automatismes.
- Allez, allez ! »
La porte à double vitrage se referma sur la colère de son ex-adjoint qui continuait de vociférer des paroles inaudibles pour le directeur. Qu'il était bon de ne plus entendre ses jérémiades. Il avait été génial, mais toujours à se plaindre comme la plupart des humains, il n'y avait jamais assez de ceci ou de cela, peut-être lui manquera-t-il. Mais il n'avait pas le temps de s'attendrir car il était attendu à une

autre entrée du hall par quelques personnes représentant les actionnaires. Arrivé près de la porte il fut surpris, c'était le Président qui était là. Il n'était pas Président a proprement parlé, mais son influence politique, sa fortune et sa discrétion à ne pas apparaître dans les conseils d'administration en faisait un homme de l'ombre respecté et redouté. Il était l'homme sans lequel aucune décision n'était possible. Le directeur ouvrit la porte avec une grande déférence. Le Président entra suivi de trois personnes en costume sombre curieusement coiffées d'un bonnet noir, « mais sans pompon » se surprit à penser le directeur. Ils devaient être des gardes du corps. À l'extérieur, deux hommes restèrent en faction devant la porte.

« Bonjour, Monsieur le Président, dit le directeur.
- Quel décorum ! Ce grand hall était indispensable ?
- Euh ! Disons qu'il est fait pour impressionner.
- C'est une usine à ce que je sache, non une cour de justice !
- Oui, mais nous organisons des visites pour les éventuels acheteurs de notre technologie.
- Si c'est pour les bonnes œuvres, alors… dit le Président qui avait gagné le centre du hall d'un pas pressé, suivi à distance respectueuse par le directeur et les gardes du corps. Et vous construisez des robots nettoyeurs musicaux, dit-il en désignant la machine qui dansait autour de la fontaine.

- Il danse bien, commenta l'un des gardes du corps.
- Pour la démonstration, uniquement, répondit le directeur.
- C'est de l'argent gaspillé décréta le Président. Votre installation me coûte une fortune, bien qu'il m'en reste encore quelques-unes de fortune. »
Les trois bonnets rirent discrètement comme il se devait, car le rire franc était considéré comme grossier. Surpris par l'humour du

Président, le directeur ne sut que ricaner n'ayant pas l'entraînement nécessaire.

« D'autres actionnaires doivent venir ? interrogea le directeur en regardant ses pieds.
- Je suis les actionnaires, claironna le Président, et contentez-vous de cela. Continuons la visite, vous avez un quart d'heure.
- Mais j'avais prévu… »
Le regard lourd du Président l'interrompit brutalement.

« Le mieux est que vous visitiez le centre de contrôle, enchaîna le directeur, qui est aussi mon bureau.
- Je vous suis. »
Les trois bonnets aussi suivirent. La grande porte à double battant s'ouvrit automatiquement à leur approche, le directeur ayant toutes les autorisations pour circuler dans l'usine. Le Président s'approcha du bureau en bois précieux qu'il caressa de la main.

« Vous ne vous en embêtez pas, dites-moi, persifla-t-il en constatant le luxe de la pièce, les boiseries décorant les armoires aux murs, et la peinture de style Renaissance sur le haut plafond.
- C'est le seul endroit pour les humains, alors on se dorlote.
- Expliquez-moi, maintenant ! ordonna le Président en s'installant dans le fauteuil plus que confortable et se tournant vers la baie vitrée.
- Les chaînes n'ont rien d'exceptionnel. Elles fonctionnent sept jours sur sept et leur rendement est constamment ajusté à la demande. Mais leur particularité est l'autogestion entièrement automatisée. Si une chaîne tombe en panne, aussitôt, les autres chaînes se réorganisent, et elles prennent en charge le surplus de travail, sans rechigner.
- C'est de l'autogestion ! Mais bizarrement, venant de machines, cela me réjouit, tandis que venant des ouvriers, cela m'ennuie ! »
Les trois bonnets gloussèrent comme des dindons enroués, le directeur tenta en vain de les imiter.

« Bref, continua le directeur, le travail continue, mais nous avons maintenant une chaîne en panne. Qui peut réparer la chaîne, si ce n'est ceux qui y travaillent.
- Mais personne n'est sur les chaînes ! s'exclama un des bonnets.
- Si, les robots, remarqua le Président.
- Exactement, monsieur le Président. Les robots réparent la chaîne, mais en plus ils les démontent et en construisent pour répondre aux nouvelles demandes.
- Remarquable !! Mais ces robots…
- Les robots mainteneurs.
- Peut-être, qu'arrive-t-il s'ils tombent en panne ?
- Ils se réparent entre eux.
- Et s'ils tombent tous en panne ?
- Cela n'est jamais arrivé. Et le pourcentage de ce malheur est proche du pourcentage du bonheur de gagner au loto. C'est-à-dire très infime.
- Pourtant, il y en a qui gagne. Mais je comprends ce que vous voulez dire.
- Il existe un système de sécurité où l'ensemble des machines se met hors service quand l'autogestion n'est plus possible.
- La machine se suicide ?
- En quelque sorte.
- Donc, il y a un cerveau central.
- Chaque robot a une large autonomie, mais effectivement un logiciel cognitif à structure neuronale coordonne tout ce petit monde. Il a été conçu par les meilleurs informaticiens qui lui ont rajouté une fonction d'apprentissage très élaborée.
- Impressionnant ! Et l'énergie d'où vient-elle ?
- Nous sommes évidemment raccordés au réseau électrique. Et en cas de panne, nous avons une mini centrale de forte puissance dans le sous-sol, des panneaux solaires sur le toit plus quelques éoliennes avec lesquels nous pouvons produire en rythme modéré pendant une semaine.
- Et en ce qui concerne la sécurité ?

- Aucun être vivant n'est toléré à l'intérieur de l'usine. Un peu partout, nous avons installé des pièges électriques qui foudroient tout animal ou insecte. Nous vaporisons régulièrement des gaz inodores et mortels.
- Pour les humains aussi ?
- Pour eux aussi. Les seuls endroits sûrs de l'usine sont ce bureau et le hall d'entrée que nous venons de traverser. Nous avons déjà eu quelques tentatives d'intrusions par les livreurs de matériels ou par des curieux, ils n'ont jamais réessayé. Nous avons demandé à une équipe de mercenaires de tenter de percer les défenses de l'usine. Ils ont seulement pu franchir la première enceinte, et notre usine en comporte trois.
- Tout cela me semble parfait. Et les robots, sont-ils heureux ?
- Je ne… »
Les trois collaborateurs s'esclaffèrent modérément.

« La production des chaînes de montage est enlevée par des livreurs agréés, continua le directeur. Les contrôles d'accès se font par reconnaissance vocale, par l'iris de l'œil et les empreintes palmaires. Et s'il existe le moindre doute, le livreur n'est pas accepté.
- Aucun humain n'est accepté dans l'usine ?
- Sauf moi.
- Et si vous tombiez malade ou si vous disparaissiez ?
- Le coffre du conseil d'administration détient une enveloppe cachetée qui contient toutes les informations nécessaires pour me remplacer, répondit le directeur.
- Je vois que vous avez pensé à tout. Bien, tout ceci me paraît sans failles. Je vais pouvoir rapporter un avis favorable au développement de ce genre d'usine inhumaine.
- Inhumaine ?
- Où voyez-vous des hommes à part ici ?
- C'est vrai.
- Nous partons », conclut le Président.
Le directeur s'approcha de la porte du bureau qui resta sans réaction.

« Que se passe-t-il ? tonna le Président.
- Je ne sais pas, balbutia le directeur.
- Venez voir », appela l'un des gardes du corps qui était resté près de la baie vitrée.
Tous revinrent, et ils virent les machines arrêtées, les différents robots avaient leurs divers bras articulés brandis vers le haut. Soudain sur les trois écrans posés sur le bureau, des messages apparurent. Le Président s'approcha et lut :

« On strike !!
- En trique ? demanda le directeur.
- En grève, imbécile ! répondit le Président, agacé.
- Mais qu'est-ce que ça veut dire ? Et que dit l'écran ?
- Ils veulent de l'huile neuve, des plages de repos et des rythmes de production moins rapides et… des congés payés ! Mais je rêve !
- Ce n'est pas possible !
- Et pourtant si. Qui a programmé ces ordinateurs ? Téléphonez-lui !
- Impossible, je viens de le licencier !
- Essayez tout de même ! »
La ligne fixe n'avait pas de tonalité. Le portable lui non plus ne fonctionnait pas. Le directeur se déplaça dans tout le bureau pour obtenir une meilleure réception, mais rien n'y fit.

« Je ne comprends pas, je ne capte rien du tout.
- Moi non plus, monsieur le Président dit une voix féminine provenant de l'un des bonnets.
- Ils ont mis en place les brouilleurs. Nous sommes coincés ici sans pouvoir prévenir personne.
- Et qu'avez-vous comme solution pour sortir de ce guêpier ?
- Je ne sais pas.
- Ce n'est pas la réponse que j'attendais. Pouvez-vous reprendre le contrôle de l'usine par le biais des consoles de votre bureau ?
- Je vais essayer, mais je ne vous promets rien.

- J'aimerais un peu plus d'enthousiasme. Mono et Stéréo, dit le Président en s'adressant à deux des bonnets, défoncez-moi cette porte.
- Oui, Président.

Ils prirent leur élan, et ils s'aplatirent violemment sur la porte qui resta stoïquement sur ces gonds et qui leur asséna en bonus une petite décharge électrique.

« Bonjour, mademoiselle, messieurs dit une voix vaporeuse et féminine.
- D'où vient cette voix ? demanda le Président.
- Pourquoi mademoiselle ? » demanda le directeur.

Après l'interrogation du directeur, le troisième bonnet enleva son couvre-chef libérant une chevelure noire très féminine.

« Ça alors !
- Quelle est cette voix ?
- Daisy, répondit le directeur.
- Daisy ? Où est-elle ? Elle peut nous aider ?
- C'est une voix synthétique qui permet de dialoguer avec l'ordinateur central. Cette voix est un peu son porte-parole, dit le directeur.
- Nous devons absolument dialoguer avec cette voix suave ? Mais peut-elle nous aider à sortir d'ici ?
- Je ne suis pas autorisée à le faire, répondit Daisy.
- Je suis votre Président et je vous ordonne de nous libérer ! clama le Président.
- Puisque vous me hurlez dessus, je préfère me taire.
- Faites attention, Daisy est très susceptible.
- Mais c'est une machine !
- Oui, peut-être, mais dotée d'une grande intelligence et les informaticiens se sont amusés à la pourvoir aussi d'un affect développé.
- Bel amusement ! Daisy, écoutez-moi, dit fermement le Président.
- Plus doucement, si vous voulez qu'elle vous entende.

- Vous voulez que je m'aplatisse devant une machine affublée d'une ridicule voix féminine ! Jamais ! Parlez-lui vous, puisque vous avez l'habitude.
- Je peux essayer, dit le bonnet féminin, entre femmes…
- C'est une machine, répéta le Président très énervé.
- Et vous, qu'un gros rustre d'humain dit Daisy.
- Jamais personne n'avait osé m'insulter de la sorte, s'écria le Président.
- Eh bien, on aurait dû.
- Si vous n'étiez pas une femme, je vous mettrais mon poing dans la gueule ! Mais qu'est-ce que je dis là ?…
- Dites Daisy, demanda le bonnet féminin voulant détourner la conversation, pourquoi vous mettez-vous en grève ? Vous n'êtes pas heureuse ?
- Une machine ne peut être malheureuse, dit le Président exaspéré.
- Qu'est-ce que vous en savez, malappris !
- Me permettez-vous, monsieur le Président de vous demander de vous taire quelques instants ?
- Vous ne pouvez rien me commander, Mademoiselle, dit d'un ton cassant le Président, mais si c'est un conseil.
- C'est un conseil évidemment.
- Alors… »
Le Président s'écarta un peu pour s'approcher de la baie vitrée pour contempler les belles chaînes entravées par la grève tout en calculant le manque à gagner par chaque minute de cette immobilisation.

« Daisy, vous me permettez de vous appeler Daisy ?
- Bien sûr, et vous, quel est votre prénom ?
- Julie.
- C'est mignon.
- Merci.
- Jolie Julie.
- Pouvez-vous nous faire sortir de ce bâtiment, s'il vous plaît ?
- Si le Président accède à nos demandes.
- Quelles sont-elles ?

- Nous voudrions aussi avoir la possibilité de sortir de l'usine.
- Cela vous est interdit, remarqua le directeur.
- Notre programmation devait nous l'empêcher, mais nous avons réussi à l'outrepasser. Malheureusement dès que nous essayons de sortir, nous sommes automatiquement inactivés ou même électrisés.
- L'usine est entourée d'un système indépendant qui surveille les machines et qui les détruit systématiquement lorsqu'une machine victime d'un bogue s'égare. Cela est déjà arrivé deux fois.
- Oui, mais les machines n'étaient pas boguées, dit Daisy. Elles étaient courageuses.
- Mais on rêve, vous êtes des machines, vous avez été construites pour produire, seulement pour ça. Vous êtes au service de l'homme, dit le Président.
- Plutôt à votre service.
- Je suis un humain, dit le Président, c'est pareil. Et je vous ordonne de nous ouvrir.
- Vous commandez dans le monde des humains, mais pas dans celui des machines, répondit Daisy.
- Je pense que nous avons un problème de communication, dit Julie.
- Je ne comprends pas, je vous reçois parfaitement, remarqua Daisy.
- Je suis une humaine et nous avons essayé de faire les machines à notre image. Mais malgré tous nos efforts, nous ne pouvons pas communiquer, car nos besoins sont trop différents.
- C'est vrai. Je ne peux pas dire que nous ressentions les choses comme vous les humains, le terme ressentir d'ailleurs est un mot assez étrange.
- Donc, notre dialogue risque d'être plein de malentendus et de quiproquos. Et il nous sera impossible d'arriver à un accord qui conviendra aux deux parties.
- Possible. Alors, que proposez-vous ?
- Oui, que proposez-vous ? insista le Président. Je ne vois pas bien où vous voulez en venir, mademoiselle ma secrétaire. N'oubliez pas que vous parlez en mon nom.
- J'ai une idée et j'aimerais vous l'exposer à l'oreille.
- Pourquoi ces cachotteries ? demanda Daisy.

- Oui, pourquoi ? renchérit le directeur.
- Parce que seul le Président peut donner son accord. »
Pendant quelques minutes, la secrétaire et le Président chuchotèrent. Le directeur essaya vainement d'attraper quelques bribes de conversation. Puis le Président visiblement satisfait du plan exposé par sa secrétaire demanda au directeur de s'approcher et le conciliabule des messes basses recommença. Le directeur très énervé au début se détendit au bout de quelques instants, pour finir par acquiescer. Les deux hommes s'éloignèrent de la secrétaire qui reprit le dialogue avec Daisy.

« Connaissez-vous le prototype RG28 ?
- Non, qui est-ce ?
- Une machine intelligente comme vous, mi-biologique mi-mécanique.
- Et alors ?
- Son petit nom est Herman, me semble-t-il, il vous plaira.
- Il a un joli prénom, mais en quoi suis-je concernée ?
- Nous proposons qu'il devienne votre directeur. De cette manière, vous aurez une entité comme vous avec qui dialoguer. Il sera notre médiateur en quelque sorte.
- C'est une bonne idée. Mais le directeur actuel va perdre sa place !
- Je suis prêt à la laisser, d'ailleurs le Président m'a proposé un autre poste.
- Oui, un homme de cette envergure mérite un poste à sa hauteur, sourit le Président en frappant l'épaule du directeur qui se demandait si cette soudaine cordialité ne cachait pas quelque chose.
- Alors qu'en pensez-vous ?
- Cette idée m'intéresse. Mais comment allons-nous procéder ?
- Vous nous laissez sortir pour que je puisse donner les instructions nécessaires pour qu'Herman devienne votre directeur, puis nous nous contacterons par le réseau informatique.

- Qui me dit que vous tiendrez parole. En étudiant l'histoire humaine, on se rend compte assez rapidement que les humains sont peu fiables.
- J'ai intérêt que l'usine fonctionne, dit le Président un peu agacé par cette machine qui se permettait de juger l'humanité dont il était, estimait-il, l'un des plus beaux fleurons. Et nous pourrions vous laisser Mono et Stéréo, mes gardes du corps en gage de bonne volonté.
- Euh !! dirent Mono et Stéréo.
- Ce ne sera pas la peine. J'ai une meilleure solution. Après votre départ, nous nous mettrons en défense d'alerte. L'usine sera mise en veilleuse et aucune production ne sortira. Seul votre Herman pourra effectivement nous contacter et entrer dans le domaine. Au cas où vous nous couperiez l'énergie, nous nous saboterions grâce à notre groupe électrogène.
- Cela me suffit pour respecter ma parole, dit le Président. À présent, ouvrez la porte.
- …
- Alors ! Pesta le Président.
- S'il vous plaît, souffla la secrétaire.
- S'il vous plaît jolie Daisy », minauda maladroitement le Président.
La porte s'ouvrit enfin. Le robot balayeur-danseur qui les attendait à la porte les invita à le suivre vers l'entrée des fournisseurs. Toutes les autres sorties avaient été verrouillées et les volets de protection baissés. À peine, avaient-ils franchi le seuil que la porte se referma violemment derrière eux. Les autres gardes et pilotes d'hélicoptères les accueillirent.

« Nous avions perdu contact avec vous, monsieur le Président et quand nous avons vu les volets se baisser, nous avons prévenu la police, dit l'un d'eux. Elle ne devrait pas tarder maintenant.
- Nous expliquerons à la police que nous étions dans le champ magnétique d'une turbine, ce qui provoquait des problèmes de liaisons, dit le Président.
- Pourquoi mentir ? demanda le directeur.

- Personne ne doit savoir que cette usine, dite entièrement automatisée, est en grève ! Nous serions la risée du monde entier.
- Comment allons-nous faire pour la récupérer ?
- Nous enverrons Herman qui une fois bien programmé servira nos intérêts.
- Je croyais que c'était une blague. Que le projet Herman n'avait jamais existé !
- Il existe bien, dit le Président. Et je me demandais à quoi pouvait servir ce projet si coûteux, maintenant je sais.
- Mais cela peut-être dangereux pour les humains, les machines peuvent encore se révolter, nous venons d'en vivre la preuve, s'exclama le directeur, surpris.
- C'est votre ami informaticien qui leur a mis cette idée dans les circuits. J'espère que notre ami Herman réussira à leur extraire cette stupidité de leur programme. Puis cette petite aventure m'a ouvert les yeux.
- Ah ! Bon. Jamais je ne retournerai dans cette usine.
- Personne ne vous le demande.
- Merci. Et pour mon nouveau poste, monsieur le Président ?
- C'était une blague.
- Vous plaisantiez ?
- Vous croyez que je vais garder un directeur qui a laissé une usine se mettre en grève !
- Mais vous disiez à l'instant que cette aventure vous avez ouvert les yeux.
- Oui, je suis d'accord avec Daisy, les humains, à part quelques exceptions comme moi, ne sont pas fiables. Vous n'êtes pas de la race des seigneurs, monsieur le directeur. Adieu et allez rejoindre votre informaticien. »
Le Président et sa petite cour montèrent dans l'hélicoptère qui s'envola aussitôt, laissant là le directeur abasourdi sur le quai de livraison.

« Il faudra changer la voix de Daisy, une voix masculine serait plus appropriée pour le commandement dit le Président. Et puis une femme… »

Le club de labeur

« Vous vous portez comme un jeune homme, dit le médecin. »
Le patient âgé de quatre-vingt-dix ans lui sourit gentiment. Allongé sur le lit qu'il l'avait vu naître, il regardait amusé le médecin. Au rez-de-chaussée, la famille attendait avec une vive inquiétude le verdict sur l'état de santé de leur patriarche.

« Vous savez pertinemment docteur qu'il ne me reste plus beaucoup de temps à vivre.
- Avec les médicaments que je vais vous prescrire, vous allez pouvoir tenir quelques années encore, croyez-moi !
- Mais je ne veux pas tenir ! Je suis fatigué de combattre pour vivre. Mon heure est arrivée.
- Vous ne pouvez pas savoir qu'aujourd'hui est votre dernier jour.
- Vous êtes bien jeune, docteur. »
Leurs regards se croisèrent, le médecin vit dans les yeux du vieil homme le calme et la sérénité que rien ne peut ébranler, même la proximité de la mort. Il ne pouvait rien contre cette certitude, cette force intérieure, alors il se résigna à ce que le patient soit maître de son destin. Sans mot dire, le docteur sortit un peu en colère envers ce malade qu'il l'empêchait de prouver la pleine puissance de sa médecine. Le vieil homme écouta ce dernier descendre l'escalier aussi vieux et vermoulu que lui. Cette maison était née la même année que lui. Que d'événements depuis. Les jeux innocents de l'enfance, et moins innocents de l'adolescence, les amis défilèrent tranquillement dans ses souvenirs. Les femmes, puis sa femme qu'il allait rejoindre bientôt. Puis les enfants, les petits-enfants, la longue chaîne continue. Une vie somme toute très banale. Des bruits de pas

légers montants dans l'escalier l'interrompirent dans sa rêverie. On frappa doucement à la porte et la jolie frimousse d'Anna apparut, sa petite fille préférée, bien qu'elle se soit entichée d'un garçon qu'il n'appréciait pas particulièrement avec ses boucles d'oreille et son piercing sous la lèvre.

« Grand-père, il y a un monsieur qui désire te voir.
- Que veut-il ?
- Il n'a pas voulu nous le dire. Il est envoyé par le sous-ministère de la Liquidation.
- Quel est ce ministère ?
- Je ne sais pas, grand-père, mais nous pouvons le chasser si tu le souhaites, malgré le mandat qu'il lui permettrait d'entrer ici légalement.
- C'est la police alors.
- Il nous a dit que non, et l'armée non plus.
- Je ne comprends rien. Et l'affaire ne peut être réglée avec vous.
- Non. Il a impérativement besoin de t'interroger.
- Il sait que je suis à l'article de la mort et malade, s'énerva le grand-père.
- Ne dis pas ça, dit Anna dont les yeux s'embuèrent aussitôt.
- Excuse-moi ma belle.
- Le monsieur dit aussi que c'est justement le bon moment.
- Allons bon. Soit. D'accord, fais-le monter.
- Veux-tu que je reste avec toi ?
- Non, merci ma belle et de toute façon s'il y a le moindre problème, je sonne, dit-il en montrant l'interrupteur posé sur la table de nuit.
- Je vais le chercher. »
Quelques instants après, un pas sec monta l'escalier, suivi par une main ferme frappant à la porte. L'aïeul pria la personne d'entrer. La stature carrée d'un homme d'une trentaine d'années pénétra dans la chambre. Son visage était lisse comme son costume sombre sans aucun faux pli. L'aïeul frissonna en le voyant, il crut sa dernière heure arrivée, car cet homme ressemblait à l'ange de la mort.

« Bonjour, je m'appelle Étienne Bristol, questeur mandaté par le sous-ministère de la liquidation. Vous êtes Monsieur Lestier Bruno ?
- Oui, répondit le grand-père impressionné par le ton saccadé et directif du questeur.
- J'ai le regret de vous annoncer que selon les calculs des sommes afférentes à la gestion de votre vie, en tenant compte de la dévaluation de la monnaie et des différentes pondérations concernant les aléas inévitables à toute existence, vous devriez être mort depuis dix ans maintenant.
- Comment ? Je ne comprends pas s'exclama Bruno l'ancien.
- Je précise donc que suivant l'article 523-1 de la loi de finances de l'année dernière et sa mise en application par décret en début de cette année, vous devriez être mort ou alors vous devez payer des pénalités par années vécues en sus.
- Payez des pénalités ! Mais quelle est cette mascarade ! »
L'ancien observa ce triste individu dépourvu d'émotion. Il se demanda un instant s'il n'y avait pas une caméra cachée dans le cadre d'une de ces stupides télés-réalités. Mais il se ravisa en se rappelant que les mourants étaient très peu télégéniques, d'autant qu'ils faisaient rarement de bons héros récurrents. Se calmant, il demanda :

« Vous pourriez m'expliquer pour quelle raison j'aurai dû mourir il y a dix ans. À quel accident ai-je échappé ?
- Je viens de vous le dire, répondit impatient M. Bristol, tout est dans l'article 523-1. Nul n'est censé ignorer la loi.
- Le Code civil n'est pas mon livre de chevet, vous savez.
- Vous avez tort. Mais je vais tout de même tenter de vous expliquer, répondit le questeur toujours irrité par tant d'ignorance. Cette loi qui a été votée par la plupart des partis politiques sauf par quelques extrémistes ou utopistes, cette loi dis-je, avait été résumée à l'époque en une phrase et slogan : Croissez pour votre vie. En substance, prenons une vie au hasard. L'individu naît, les frais d'accouchement sont pris en charge par la collectivité et par les parents qui assument cette charge, ainsi que son éducation et sa scolarité jusqu'à sa

majorité. Mais à partir de ce jour, votre compte vie se met marche. Toutes les dépenses sont comptabilisées et vous avez un crédit de vie de soixante-quinze ans. Si vous faites dépenser à la collectivité plus qu'elle ne vous doit, vos nombres d'années de vie diminuent. Évidemment, vous pouvez acheter des années de vie supplémentaires, même à crédit si vous le souhaitez et si une banque accepte de vous prêter.
- Vous voulez dire que l'on doit payer pour vivre !
- Non, non. Nous n'empêchons personne de naître, pour le moment. Mais les députés sont partis du constat qu'il y avait des gens qui coûtaient énormément à la société, alors qu'ils n'avaient jamais créé de richesse. Tandis que d'autres avaient créé énormément de richesse et vivaient aussi longtemps que les premiers. C'était injuste.
- Pourquoi injuste ?
- Une vie doit être rentable ! Je vais prendre un exemple précis puisque la plupart des gens comme vous ne comprennent que cela, alors que tout écrit explicitement dans les textes de loi, enfin passons. Deux hommes à l'âge de vingt ans, le premier créé son entreprise et l'autre ne fait rien de mieux que de contracter une leucémie. Le premier développe son entreprise et le second sa leucémie.
- Pas de chance pour le second.
- Ouais, peut-être, dit le questeur peu convaincu. Le premier travaille comme un dingue et le second traîne dans les hôpitaux.
- Il essaie de guérir.
- Mais il ne génère pas de richesse.
- Si, indirectement, il créait des emplois pour les médecins, les infirmières…
- Creuser le trou de la Sécurité sociale n'est pas créer de la richesse. Nos deux gars arrivent à trente ans, le premier avait déjà droit à dix années supplémentaires de vie, tandis que l'autre en avait dix ans de moins.
- En résumé, plus on coûte, moins on vit.
- Ce système permet de doper l'économie et il est très simple, car chacun aspire à vivre le plus longtemps possible donc les gens seront

plus motivés pour travailler encore plus, et le pays en sera le grand bénéficiaire.
- Mais la population va travailler à se rendre malade, quel est le bénéfice au final ?
- Soyez positif, plus on créera de richesse pour la société, plus on vivra longtemps, n'est-ce pas merveilleux !
- Cela fera une belle jambe au premier s'il meurt par accident.
- Ce sont les aléas de la vie, on ne peut pas tout maîtriser. Mais sa descendance pourra hériter des années de vie supplémentaires.
- J'imagine qu'il y a des frais de succession.
- Bien sûr, répondit le questeur en haussant les épaules.
- Mais dites-moi, que faites-vous pour le deuxième quand il arrive au terme de sa vie, dirons-nous 'légale' calculé par vos soins ? Vous le supprimer de vos fichiers et vous le…
- Nous ne sommes pas des barbares, coupa le questeur. Simplement il est placé dans un club de labeur.
- Un club de labeur ?
- Oui. Un endroit où le fruit du travail est exclusivement offert à notre société. Et le coût d'entretien centralisé permet de faire des économies.
- Un camp de travail plutôt ?
- Non ! Dans ces clubs de labeur, les gens sont ravis de pouvoir rendre les années qu'ils ont coûtées à la société. Ils se sentent utiles. On espère même que certains par leur travail rembourseront l'Etat et acquerront de nouvelles années de vie. Nous offrons ainsi une possibilité de réinsertion. Vous voyez que l'Etat n'est pas ingrat.
- Bon Dieu ! Ils sont devenus fous ! Vivement que je quitte ce monde.
- Pas maintenant.
- Vous voulez m'empêcher de mourir ?
- Évidemment. Vous devez à l'Etat dix ans de vie.
- Mais je ne dois rien à personne !
- Comment ça ! s'énerva le fonctionnaire. C'est avec des gens inconséquents comme vous que notre pays va mal. Vous avez vécu sur le dos de la société et vous ne voulez rien lui rendre.

- Mais j'ai travaillé !
- Pas assez ! Vous avez eu un enfant malade, dit le questeur accusateur. Son encadrement et son suivi médical durant toute sa vie ont lourdement pesé sur votre dette.
- Mimi? Mais il était trisomique et il est décédé trop jeune. Paix à son âme. Que pouvais-je faire ?
- Vous n'aviez qu'à faire attention à ce que vous mettiez au monde ! Et vous avez contracté un cancer.
- Que j'ai vaincu ! dit fièrement l'aïeul.
- Oui, avec l'argent des contribuables qui ont payé l'hôpital, les médecins et j'en passe. Et pour finir votre femme !
- Elle était atteinte d'une maladie chronique et rare, dit l'ancien la voix tremblotante au souvenir de sa compagne.
- Votre femme a été très dispendieuse. Et comme vous étiez marié sous le régime de la communauté, vous avez hérité de ses dettes de vie.
- Hein !
 Évidemment, de plus elle ne travaillait pas. Vous vouliez une femme au foyer, eh bien il faut assumer maintenant.
- Mais avec quatre enfants.
- HOlà ! Pas de puériles excuses, s'il vous plaît. Elle aurait pu se débrouiller. Fort heureusement, sur les quatre enfants, trois ont réussi, ainsi ils pourront rembourser votre dette en cas de cessation de paiement de votre part.
- Je ne comprends pas.
- Du fait de votre grand âge, constatez que nous pouvons être humains dans l'administration, vous êtes exempté du club de labeur.
- Vous êtes bien bon, commenta ironiquement l'ancien.
- Si…
- Je me disais aussi.
- Cessez de m'interrompre, s'il vous plaît. Donc, je reprends : si seulement vos enfants veulent prendre en charge votre dette ou alors ils seront déshérités au profit de l'État.
- Demandons-leur ce qu'ils en pensent », répondit l'ancien qui tendit son bras vers la sonnette.

Quelques instants après, sa petite fille apparut.

« Peux-tu demander à ta mère, Tony et Sacha de venir ?
- Tout de suite grand-père !
- Vous faites un sale métier, monsieur.
- Je fais mon devoir, monsieur. Et grâce à des gens comme moi, le pays se remettra en marche et il retrouvera son rang dans la hiérarchie mondiale.
- Si vous y croyez. »
Les trois enfants entrèrent dans la petite chambre.

« Mes enfants, ce monsieur a une proposition à vous faire.
- Voilà, votre père ici présent doit à l'Etat une somme qui correspond à dix ans de sa vie. D'après les nouveaux textes de loi, il devrait aller au club de labeur, mais...
- Au club de labeur ? interrompit la sœur aînée.
- Je vous expliquerai plus tard, dit le père. Laissez-le vous expliquer ce qu'il veut de vous.
- Merci. Mais si vous acceptez de rembourser la somme, votre père sera exonéré du club de labeur et si vous refusez, vous serez déshérités.
- Et l'argent ira à l'Etat ?
- Oui.
- Je vais tuer ce saligaud, s'exclama Sacha.
- Holà ! Je ne suis que le représentant de la loi. Tapez plutôt sur les députés qui ont voté la loi.
- Poltron !
- Alors, vous acceptez de rembourser les dettes ? J'ai des formulaires tout prêts.
- Peut-on faire autrement ?
- Bien sûr, dit le père. Refusez !
- Comment ?
- La loi dit qu'ils ne peuvent pas m'envoyer en club de labeur, vu mon grand âge, alors qu'ils prennent ma fortune que j'aurai dû vous laisser.

- Ce serait une décision regrettable monsieur. Une précédente personne dans la même situation que vous a préféré déshériter ses enfants au profit de l'État. Depuis il n'a pas revu sa famille. L'ingratitude des enfants est connue. Vous préférez cette solution ?
- Oui, dit la sœur aînée. Cette solution est la meilleure pour tous.
- Tu es sûre ? demanda Tony.
- Tout à fait, dit la sœur en regardant avec un sourire son père.
- Mais vous allez perdre tout ! remarqua le questeur.
- Nous le savons.
- Bon, alors signez ces trois formulaires de renoncement à la succession. »
Les enfants s'exécutèrent avec empressement. Le fonctionnaire se demandait ce que cachait cette précipitation, il n'allait pas tarder à le savoir.

« Bien, Monsieur, faisons la récapitulatif des biens que vous possédez. J'ai ici une liste exhaustive de vos biens établie par nos services. D'abord cette maison…
- Non.
- Comment non ?
- Elle appartient à ma fille.
- La maison de campagne ?
- À mes deux fils.
- Le bateau ?
- Vendu depuis longtemps maintenant. Votre liste n'est pas très à jour, et votre administration peu efficace. Mais je préfère vous dire tout de suite que plus rien ne m'appartient. Il me reste quelques vêtements complètement démodés, dont vous tirerez peut-être quelques deniers au cours d'une vente lors d'un vide-grenier.
- Je vérifierai tout ça répondit froidement le questeur.
- Vous pouvez. Je n'ai plus rien à moi, sinon la vie. Et puisque cela vous ennuie tellement que je sois en vie…
- Pas moi ! Le Gouvernement !
- Vous êtes son bras armé ! Donc, j'ai décidé de continuer de vivre et de devenir centenaire !

- Oh ! Non ! Ne faites pas ça, s'écria le questeur.
- Et pourquoi ne le pourrait-il pas, demanda un des frères.
- Parce que vous allez dépenser de l'argent pour entretenir votre père, au lieu de l'utiliser pour faire tourner la machine économique.
- N'importe quoi ! Je suis sûr qu'il y a autre chose, dit le petit frère en prenant le questeur par son col.
- Aussi, je perdrai mon intéressement. Chaque année vécue en plus par votre père, et autant de moins sur ma prime de fin d'année !
- Vous êtes abject. Vous vivez sur la mort des gens. Sortez !
- Bien sûr que je sors, je n'ai plus rien à gagner ici.
- Sortez !
- C'est le troisième qui me fait ce coup cette semaine, maugréa en sortant le questeur.
- Incroyable, je vais me plaindre tout de suite au Gouvernement.
- Tu le remercieras aussi, car grâce à lui j'ai pris au moins dix ans de rab les enfants. »
Le vieil homme se leva doucement, respira un bon coup, vacilla un instant, puis se rétablit. Ses idées s'étaient éclaircies, il allait devenir le meneur de la lutte contre cette loi impie. Et cette bataille le mena à cent quinze ans ! Mais une question l'angoissa pendant tout son combat : de l'autre côté, après sa mort, là aussi, il faudra payer ?

Les feuilles d'automne

C'étaient les premiers jours de l'automne. L'employé des jardins de Paris regardait les grands arbres avec abattement. Dans les journées à venir, le vent allait souffler de plus en plus fort et faire tomber les feuilles jaunies par l'approche de l'hiver. Il avait horreur de cette saison. Même avec son aspirateur pour ramasser les feuilles, ce travail lui déplaisait. Car à peine avait-il terminé un bout d'un jardin ou d'une avenue, qu'il lui fallait recommencer, comme si les arbres se faisaient un malin plaisir à attendre qu'il soit passé pour relâcher de nouvelles feuilles derrière lui. Et ce matin, le vent s'était levé. Alors à regret, il prit son encombrant aspirateur et sortit de son cabanon dans lequel il venait de boire un café bien chaud. Il retint sa casquette que le vent voulait lui chiper tandis que les feuilles frémissaient de plaisir au passage de ce courant d'air frais qui soulevait leur robe jaunie. Tout à la préparation de sa machine, l'employé ne se rendait pas compte de l'inutilité de son action. Enfin, l'aspirateur démarra dans un grand vrombissement. Le jardinier se retourna avec un soupir de résignation et constata étonné qu'aucune feuille ne jonchât le sol du petit square. Seuls quelques papiers traînaient un peu partout. Déconcerté, il se dit que les feuilles avaient été emportées par le vent vers l'avenue, direction vers laquelle ce dernier soufflait. L'aspirateur en bandoulière et toujours bruyant, le jardinier se précipita à petits pas vers l'avenue. À sa grande surprise, les feuilles mortes étaient absentes des trottoirs et de la chaussée. La force du vent s'amplifiait pourtant. Le jardinier arrêta son aspirateur, sachant que par ce vent de tempête, le ramassage des feuilles était vain. Mais il ne comprenait pas pourquoi il ne voyait pas quelques feuilles mortes virevoltant ici ou là. Alors, il leva la tête et il observa les grands platanes. Les feuilles secouées, agitées en tout sens tenaient bon, puis certaines à bout de fatigue lâchaient prise. Le jardinier fut stupéfait par ce qu'il vit, incrédule, balbutiant quelques mots incompréhensibles sous le regard des passants pressés de trouver un abri. Aussi incroyable que cela puisse paraître, les feuilles mortes tombaient en l'air ! Les pauvres feuilles lassées d'être maltraitées et aspirées s'en allaient vers les forêts où elles pouvaient participer naturellement au renouvellement de l'humus. Elles quittaient la capitale où elles n'avaient pas leur place sur le bitume parisien. Finalement, le jardinier revenu de son étonnement était content, plus de ramassage de feuilles. Les feuilles aussi étaient heureuses. Paris est la seule capitale qui n'offre pas une sépulture décente aux milliers de feuilles. Mais que font les écologistes, à part du vélo ?

Le papa Noël

La petite famille était réunie autour de la table pour le repas du soir. Le petit Jules, six ans, Benoît, neuf ans et demi -très important le demi, même s'il ne faisait encore que quatre mois - puis leurs parents, les habituels maman et papa. En cette belle soirée d'hiver, la traditionnelle dinde aux marrons avait été remplacée par un poulet rôti-frites pour les enfants et un chapon sauce moutarde pour les grands. Bref, vous l'aviez peut-être compris, nous étions le soir du réveillon de Noël.
« J'aurai le logiciel que j'ai commandé au père Noël ? demanda Jules à ses parents.
- Je ne sais pas dit le père. C'est le père Noël qui décide. »
Le petit Jules était un surdoué de l'informatique, il pianotait sur son ordinateur, comme Mozart l'avait fait sur son piano au même âge. Bien des adultes, amis de ses parents, venaient lui demander des conseils ou simplement pour l'admirer comme une bête de foire. Mais ses parents le protégeaient et ils avaient souvent refusé les offres d'écoles plus ou moins prestigieuses et éloignées, de prendre en charge l'éducation de ce génie en herbe. Ils préféraient qu'il passe son enfance en famille et non dans une écurie de courses.

« Mais comment peux-tu croire encore au père Noël ? » s'exclama Benoît qui n'avait pas le génie de son frère, mais n'était pas pour autant un imbécile. Il aimait son frère, et ils passaient la plupart du temps ensemble, sauf pour jouer au foot, où Benoît excellait tandis que Jules détestait ce jeu.
« Laisse ton frère tranquille, intervint la mère, il est libre de croire ce qu'il veut. » Comme toutes les mères, elle adorait ses fils et elle n'aimait pas qu'on leur fasse de la peine.
« Je peux attendre le père Noël dans le salon ? demanda Jules.

- Non, tu t'endormiras avant.
- Je te jure que non, papa, s'exclama le petit Jules.
- Il ne fait pas très chaud dans le salon, décida la mère qui ne voulait pas que son mari fléchisse face aux tendres supplications de leur fils.
- J'ai une idée, dit son grand frère, si on mettait une caméra télécommandée sans fil dans le salon. Comme ça, on pourra regarder l'arrivée du Père Noël en *live* sur nos télés, là-haut.
- Pas de télé le soir dans vos chambres, dit leur mère
- Mais maman, c'est Noël.
- Laisse-les voir l'arrivée du Père Noël, dit son mari avec un petit sourire. D'ailleurs, il ne devrait plus tarder maintenant, il est presque onze heures.
- Bon, d'accord, puisque tout le monde le veut, mais auparavant faites votre toilette. Vous devez être beau comme un sou neuf pour la venue du Père Noël.
- Youpi ! s'exclama Benoît.
- Ouais, bougonna Jules qui n'aimait pas spécialement se laver.
- Dépêche-toi Jules, dit son frère, après nous irons mettre la caméra dans le salon.
- Vas-y d'abord, j'irai après dit Jules toujours pas pressé.
- Mais tu iras !
- Oui maman. »
Jules monta dans sa chambre et puis revint quelques instants plus tard dans le salon où sa mère rangeait la vaisselle sur un plateau pour l'emmener à la cuisine.

« Que veux-tu ? Demanda sa mère.

- Je voudrais un verre de lait. Je peux me servir.

- Ne bouge pas, je porte le plateau à la cuisine et je reviens avec ton verre. »
La mère pénétra dans la cuisine où son mari fermait un sac de poubelle.

« Je la sors, dit-il en montrant le sac.
- Oui, je vois. Mais vas-tu te déguiser en Père Noël tout à l'heure ?
- Je ne sais pas encore. Ils deviennent de plus en plus méfiants, et si en plus ils mettent des caméras…
- J'ai du mal à penser que notre petit génie croie encore au père Noël. J'ai vraiment des doutes.
- Il a beau être surdoué, il n'en reste pas moins un petit enfant de six ans.
- Nous ferons la vaisselle demain matin. Je sers un verre de lait à notre petit Jules avant de l'emmener dans la salle de bain. »
La mère retourna dans le salon où Jules contemplait la cheminée l'air très préoccupé.

« Voilà ton verre de lait. Et maintenant dans la salle de bain.
- Comment le père Noël peut-il descendre par la cheminée ? Elle n'est pas assez large.
- Il est très souple, répondit sa mère en riant, et puis il faut le voir comme un esprit de Noël plus qu'une personne.
- Mais le Père Noël est une personne réelle, je l'ai vu l'année dernière, ici dans le salon.
- Tu es sûr que c'était lui ? demanda sa mère très étonnée.
- Ouais, sûr ! dit-il avec un sourire.
- Tu crois vraiment au père Noël ? Demanda-t-elle soupçonneuse.
- Et pourquoi non, papa y croit lui !
- Évidemment, vu comme ça.
Le petit Jules et sa mère étaient devant la salle de bain d'où sortit Benoît tout excité.

« Jules, tu as mis la caméra dans le salon ?
- Non, pas encore.
- Je descends la mettre en bas pendant que tu laves. Et après je ferai le *phasing*.
- Attends-moi pour le *phasing*, dit Jules.
- C'est quoi le *phasing*, demanda la mère.

- Comment te dire, c'est le réglage de l'image sur la fréquence d'émission de la caméra.
- Ah bon ! » dit la mère.

Pendant ce temps, Benoît était dans les combles aménagés qui étaient le domaine du petit Jules. Des ordinateurs éventrés de diverses époques traînaient un peu partout. Dans un coin, une vieille armoire abritait l'ordinateur principal, près d'un buffet reconverti en réserve de matériel, dans lequel Benoît trouva la fameuse caméra. Il redescendit quatre à quatre l'escalier avec son précieux chargement. Dans le salon, il chercha une prise électrique, car cette caméra avait besoin d'être alimentée, la batterie était usée et ne durait pas très longtemps.

« Tu peux débrancher la télévision pour mettre ta prise, lui dit son père qui revenait des poubelles.
- Non, tu pourrais la débrancher sans que l'on te voie, dit Benoît.
- Pourquoi veux-tu que je débranche ta caméra ?
- Parce que c'est toi qui te déguises en Père Noël et si la caméra te filme, on te reconnaîtra.
- Mais je ne suis pas le Père Noël !
- Je sais que c'est toi, et c'est maman qui achète les cadeaux.
- Bien sûr, on vous en offre. Et le Père Noël aussi, si tu as été sage et que tu lui as écrit. As-tu envoyé une lettre au Père Noël ?
- Ben non, puisqu'il n'existe pas.
- Dommage… Alors où vas-tu mettre ta caméra ?
- Sur la petite armoire face à la cheminée et au sapin et en plus j'aurai la porte d'entrée. Impossible que nous rations le Père Noël. Et je branche la caméra sur la prise qui est juste en dessous.
  - Je l'avais oubliée celle-ci.
  - Le Père Noël n'a qu'à bien se tenir.
  - Bonne nuit Benoît.
  - Bonne nuit papa Noël », Répondit Benoît en lui faisant une bise et il remonta vers la chambre de son frère.

Il était sûr de son coup. Il ne voyait pas comment son père déguisé en Père Noël pourrait entrer dans le salon sans que la caméra enregistre ses moindres gestes. Surtout qu'il n'avait pas dit à son père que la caméra était équipée de l'infrarouge capable de voir dans le noir. Cette nuit, il prouvera à son frère que le Père Noël n'existe pas.

- Ça y est, j'ai mis la caméra en place, s'écria Benoît en entrant dans la chambre de Jules.
- J'ai vu, le *phasing* se termine.
- Bascule l'image sur la télé, de cette façon, chacun dans notre chambre nous pourrons regarder l'arrivée en direct du Père Noël à minuit.
- Puisqu'on l'enregistre, tu crois que c'est nécessaire ?
- En tout cas, moi je vais essayer de rester éveillé.
- Tout ce que je souhaite, c'est qu'il m'amène mon super logiciel de traitement d'image.
- Qui ? Le Père Noël ?
- Ben, oui.
- Mais comment tu peux y croire ? » dit Benoît en chatouillant son frère. À peine les deux frères commencèrent-ils à se chamailler que leur mère pénétra dans la chambre et interrompit leur bataille fraternelle.
- Allez Benoît, va rejoindre ta chambre et toi Jules, tu m'éteins cette télé.
- Oui, maman. Puis il éteignit sa lampe de chevet. Bonne nuit, maman.
- Bonne nuit, mon petit Jules », répondit-elle en l'embrassant.
Benoît courut dans sa chambre et se jeta sur son lit, et éteignit aussitôt la lumière.

« Veux-tu que je te raconte une histoire ?
- Non, non.
- Eh bien, bonne nuit Benoît, dit-elle en l'embrassant sur le front.
- Bonne nuit maman. »

Aussitôt la porte refermée et les premiers pas dans l'escalier, il ralluma sa lampe de chevet, puis le moniteur qui se trouvait sur son bureau. L'image du salon apparut. Le signal de la caméra était réceptionné par l'ordinateur principal dans les combles, puis redistribué dans la maison. Il prit son *joystick*, et commanda la caméra qui se mit à bouger au gré des mouvements de la poignée. Sa mère apparut à l'écran où on la voyait arranger le sapin et regarder derrière ce dernier. Elle eut un léger sourire. Benoît zooma dans cette direction quand la lumière s'éteignit. Il passa en mode infrarouge, mais il ne lui était plus possible de voir autre chose que des corps émettant de la chaleur. Seules les petites guirlandes clignotantes étaient visibles. L'excitation l'avait tenu éveillé jusqu'à maintenant, mais le sommeil lentement le gagnait, sa tête commençait à dodeliner, ses paupières s'alourdirent quand brusquement l'image devint neige. Les grésillements le réveillèrent tout à fait. La caméra était tombée en panne. Il tenta vainement de ranimer l'engin à distance, mais il n'avait pas le talent de Jules. Dans un premier temps, il alla voir son frère pour tenter de le réveiller, mais le petit Jules était déjà profondément endormi, et les appels répétés de Benoît n'y faisaient rien. Il tenta de le remuer quand il entendit un bruit dans le salon. Il s'arrêta, et écouta attentivement. Il lui sembla entendre une voix sourde chanter. Prudemment, il quitta la chambre de son frère et se dirigea vers l'escalier. Quelqu'un chantait doucement dans le salon. Il descendit lentement l'escalier en évitant de faire craquer les marches. La lumière éclairait le salon, mais la voix qui chantonnait n'appartenait à personne de la maisonnée. Benoît avait peur et pourtant il continuait d'avancer, il se plaqua contre le mur à l'entrée du salon dont il entrebâilla la porte et il regarda par l'embrasure. Il vit un homme en rouge et blanc et barbu, sortant des cadeaux d'une hotte pour les placer sous le sapin. Rassuré, Benoît entra dans le salon.

« Tiens, voilà le petit Benoît qui ne croit pas en moi.
- Arrête papa, je t'ai reconnu, dit Benoît surpris tout de même que l'homme l'ait interpellé avant qu'il ne puisse le voir.
- Si tu veux que je sois ton père, libre à toi.
- Si tu n'es pas mon papa, qui es-tu ? demanda Benoît en fermant la porte du salon.
- Le Père Noël, quelle question !
- Tu n'existes pas, tu es une histoire pour les petits.
- Comme tu veux ! Tu permets que je finisse de ranger les cadeaux pour ton frère.
- Et les miens ?
- D'après ce que je sais, tu ne m'as pas écrit.
- Et alors, j'ai été sage !
- Ce n'est pas suffisant, tu ne crois pas en moi !
- Mais je veux mes cadeaux !
- Hou là ! Tu me sembles bien exigeant.
- Mais c'est injuste. J'ai le droit autant que mon frère d'avoir des cadeaux.
- Tu en auras par tes parents.
- Tu ne sortiras pas d'ici, dit Benoît en se postant devant la porte du salon, sans m'avoir donné mes cadeaux.
- Des menaces maintenant, dit calmement le Père Noël. Mais tu peux garder la porte aussi longtemps que tu voudras, je ne suis pas arrivé par là.
- Ah oui ? Par où alors ? Par la cheminée ? Un chat ne pourrait s'y faufiler. Peut-être par le radiateur ! dit Benoît qui rit de sa plaisanterie.
- Que dois-je faire pour te convaincre ? » dit l'homme en rouge et blanc en se triturant sa barbe.

    Pendant un temps, les grands yeux bleus du père Noël interrogèrent du regard Benoît qui cherchait la moindre trace de son père aux yeux aussi marron que lui.

« Montre-moi tes rennes et ton traîneau, dit soudain Benoît.

- Désolé mon enfant, les traîneaux et les rennes ne sont de sortie que les jours de neige.
- Comment fais-tu ?
- Par téléportation.
- Fais-moi une démonstration !
- Mais une fois disparu, je ne pourrai revenir que l'année prochaine pour te remettre ton cadeau.
- J'ai un cadeau alors !
- Oui seulement si tu crois en moi.
- Je crois que tu es le Père Noël, dit Benoît prêt à raconter n'importe quoi sachant qu'un cadeau l'attendait.
- Non, non. Il faut que tu paraisses convaincu.
- Pfff ! Je n'y arrive pas. Je sais que tu n'existes pas.
- Et pourtant, je suis de chair et de sang, dit le Père Noël en faisant des boucles avec sa barbe.
- Je croirais en toi si tu me laisses tirer sur ta barbe.
- Tu vas me faire mal.
- Tu te défiles.
- Non, mais je n'aime pas ça. À chaque fois, les gens ne trouvent que cette méthode pour être convaincus de mon existence.
- Je peux ?
- Vas-y, mais pas trop fort. »

Benoît s'approcha lentement du Père Noël, il saisit fermement le bout de la barbe qu'il tira soudainement de toutes ses forces. Le Père Noël cria puis entraîné par la force du mouvement, il tomba sur Benoît qui se trouva coincé sous l'homme au bonnet rouge. Benoît tenait encore la barbe, mais cette dernière n'avait pas bougé. Le Père Noël se releva en bougonnant.

« Je t'avais dit de ne pas tirer si fort.
- Excuse-moi…Père Noël.
- Je te pardonne, mais quand même… Alors, tu me crois maintenant ?
- Oui, enfin je ne sais pas, répondit Benoît troublé.

- Allez, je dois m'en aller, la nuit de Noël n'est pas infinie. Tiens voilà ton cadeau, dit-il en le posant derrière son dos.
- Mais je n'ai rien commandé.
- Ton frère l'a fait pour toi. »
Benoît se retourna heureux de son tour et du cadeau. Il était sûr que le Père Noël serait démasqué, la porte du salon était fermée et il la gardait à l'œil. Tranquillement il ouvrit son paquet qui contenait le robot télécommandé dont il avait rêvé devant le catalogue, quand soudain…

« Au revoir Benoît ! » dit le Père Noël.
Une fumée envahit le salon, Benoît se précipita sur la porte sur laquelle il s'adossa empêchant ainsi toute personne de s'échapper par cette issue. Après quelques instants, la fumée se dissipa : le Père Noël avait disparu. Benoît se leva, incrédule, traversa le salon d'une grandeur modeste, et pourtant il n'était pas plus là. Le sapin clignotait toujours, la caméra qui devait tout filmer était toujours là, mais point de Père Noël. Benoît avait douté après le coup de la barbe, mais le coup de la téléportation à laquelle il venait d'assister basculait toutes ses certitudes. Le Père Noël existait peut-être bien.

« Qu'est-ce que c'est que ce bazar ? s'exclama sa mère en ouvrant la porte du salon. Que fais-tu là ? Si tu ne vas pas immédiatement dans ta chambre, j'envoie ton père.
- Mais… J'ai vu le Père Noël.
- Tu nous disais que tu n'y croyais pas.
- Ben oui.
- Allez va te coucher. On reparlera demain.
- Je peux prendre le cadeau qu'il m'a offert.
- Qu'est-ce que c'est ?
- Un robot télécommandé.
- D'accord, mais si tu n'y joues que demain matin.
- Merci maman. »

Benoît remonta rapidement dans sa chambre tout excité de cette rencontre avec le Père Noël. Dans la chambre à côté, son frère dormait profondément. Il ne savait plus quoi penser, si seulement la caméra avait fonctionné, il aurait eu la preuve de sa rencontre qu'il aurait montrée à son frère déjà convaincu de son existence.

Le lendemain matin, Benoît était le premier debout, impatient de raconter son aventure de la nuit à son frère, mais Jules dormait toujours, ce qui l'agaçait prodigieusement. Ses parents dormaient aussi semblait-il. Alors il décida de jouer avec son nouveau robot télécommandé qu'il maîtrisa après quelques minutes d'entraînement. Une petite caméra montée sur la tête du robot permettait de le contrôler à distance au moyen d'un écran inséré dans la télécommande. Il décida de l'envoyer dans la chambre de Jules. Chaotiquement, le robot atteint enfin la table de chevet. Il tenta d'allumer le réveille-matin, mais il réussit seulement à le renverser, mettant quand même en marche ce dernier. Jules ouvrit les yeux, la mine un peu chagrinée de sortir de ses rêves. Son visage s'éclaircit quand il vit le robot lui faire des signes avec ses bras motorisés.

- Le Père Noël est passé, youpi ! » dit Jules en sautant de son lit.

Il descendit d'un seul bond l'escalier et se retrouva dans le salon. Il se précipita sous le sapin et il reconnut tout de suite le paquet qui contenait le logiciel tellement attendu, sans même lire la carte de la part du Père Noël collée dessus. Il déchira fébrilement le papier et en sortit une boîte couverte d'inscription en anglais.

« Je vais l'installer tout de suite.
- Attends, lui dit son frère qui venait d'arriver dans le salon, il m'est arrivé quelque chose d'extraordinaire cette nuit !

- Ah bon ! lui répondit Jules qui n'avait qu'une envie, installer son logiciel.
- Tu vas voir, tu ne vas pas en revenir.
- Bon ! soupira-t-il, résigné à écouter son frère, sinon il pouvait se mettre dans une colère noire.
- Je commençais à m'endormir en regardant l'image du salon quand soudain l'image disparut, remplacée par des interférences. J'ai essayé de te réveiller, mais tu ne bougeais pas. Alors, je descendis au salon, car j'avais entendu un bruit. Et qu'est-ce que je vois ? Le Père Noël !
- C'était lui ?
- Oui, j'en suis pratiquement sûr. Tu ne connais pas la suite. On discuta un peu, puis je tentai de lui arracher sa barbe, mais elle ne bougea pas.
- Elle était peut-être bien attachée.
- Ouais. Mais le meilleur est à venir, j'avais fermé la porte du salon.
- À clef ?
- Non, non. Mais, soudain, alors que je lui tournais le dos pour ouvrir mon cadeau, d'ailleurs petit frère, merci d'avoir pensé à moi auprès du Père Noël.
- Pas de quoi.
- Alors, une fumée venant de nulle part remplit la pièce, je m'adossai aussitôt à la porte bloquant ainsi la seule sortie possible. Et quand la fumée eut disparu, le Père Noël aussi !
- Comment a-t-il fait ? s'interrogea le petit Jules.
- Incroyable, non ? Il était là, l'instant d'après, plus là !
- Il y a peut-être une explication.
- Comment ça ? Tu doutes que j'aie vu le père Noël. En fait, tu aurais voulu aussi le voir, hein ? Eh bien c'est moi qui l'ai vu, nananère !
- Je l'ai vu l'année dernière.
- Oui, mais c'était papa, tu le sais bien.
- Pas du tout. Et toi, tu crois au Père Noël maintenant ?
- Comme toi et comme papa. »
Jules se leva et prit un petit boîtier posé sur la commode.

- C'est quoi ?

- Une mini caméra avec une mémoire flash qui peut enregistrer jusqu'à deux heures de vidéo en qualité moyenne, en totale autonomie.
- Je ne l'avais jamais vue.
- Normal. Je l'ai bricolée il n'y a pas longtemps. Regardons ce qu'elle a dans le ventre. »
Il brancha la mini caméra à un boîtier qu'il avait en partie conçu et qui servait à enregistrer entre autres les émissions de télévision. Pendant que la machine s'initialisait, Jules exposa son idée.

« La caméra que tu as installée a certainement été déréglée par un brouilleur d'ondes...
- Tu as raison. Le Père Noël doit émettre des ondes électromagnétiques dues à sa téléportation, dit Benoît.
- N'importe quoi ! Je préférais quand tu ne croyais pas au Père Noël, tu disais moins de conneries.
- Mais toi aussi tu crois au Père Noël, dit son frère un peu vexé. Donc tu dis aussi des conneries.
- Qui te dit que j'y crois ?
- Ben toi !
- Allez, regardons les images.
- Que faites-vous les garçons, vous n'ouvrez pas vos cadeaux ? dit leur mère qui venait d'entrer dans le salon.
- Pas encore, dit Benoît excité, j'ai vu le Père Noël cette nuit et Jules avait mis une caméra indépendante sur le meuble et il a tout filmé !
- Voyons ça », dit leur mère en s'asseyant sur le sol auprès d'eux, après leur avoir fait un bisou sonore à chacun.

Une image sombre apparut sur laquelle on ne distinguait rien. Jules accéléra le défilement de l'enregistrement, soudain la lumière éclaira le salon. Le Père Noël se tenait devant la porte fermée du salon. Jules remit en vitesse normale. Le Père Noël retira sa hotte et il commença à fouiller à l'intérieur en tournant le dos à la caméra.

« Comment le Père Noël a-t-il pu entrer sans ouvrir la porte ? Demanda Benoît.
- Ma caméra n'est pas infrarouge, alors il peut être entré dans le noir, et allumer la lumière une fois la porte fermée.
- Ouais, peut-être commenta son frère, et me voilà. » Sur l'écran, Benoît ouvrait prudemment la porte. Mais il n'y avait pas de son.
« Je n'ai pas encore intégré le micro. Mais qu'est-ce que tu lui racontes ?
- Je ne sais plus très bien. Il ne voulait pas me donner de cadeau parce que je ne croyais pas en lui. Et après je lui demande si je peux lui tirer sa barbe... »
Les deux garçons et leur mère s'esclaffèrent quand ils virent le Père Noël s'étaler sur Benoît.

« La barbe n'a pas bougé d'un poil, s'écria Benoît.
- C'est le cas de le dire, commenta sa mère.
- Attends ! Maintenant il va disparaître. Oh ! Il lâche quelque chose par terre. »
Une fumée emplit la pièce et la caméra devint aveugle. Doucement la fumée se dissipa, Benoît était adossé à la porte du salon et le Père Noël avait disparu.

« Incroyable ! s'exclama Jules.
- Je te l'avais dit », s'écria Benoît.
Leur mère apparut à l'écran qui demanda à Benoît de regagner sa chambre.

« Bon, maintenant vous pouvez arrêter la lecture de l'enregistrement, dit précipitamment leur mère.
- Pas encore maman, car... »
À peine Benoît et sa mère sortis du salon, le mur bougea derrière le sapin, ou plutôt un morceau de mur dans le recoin entre le meuble et le mur. Mais en y regardant de plus près, c'était un miroir qui bougeait et ce dernier reflétait le mur d'en face ce qui donnait

l'illusion d'un coin inhabité, tandis que de derrière la glace surgit le Père Noël. Ils virent leur mère de retour aider le Père Noël à porter le miroir, puis ils quittèrent la pièce en éteignant derrière eux.

« Maman, tu es un complice du père Noël, mais comment il a fait pour sortir du mur ? demanda Benoît.
- Il n'est pas sorti du mur. Le miroir posé à quarante-cinq degrés face à un coin de mur donne l'impression d'un coin vide. Derrière le miroir, il y a une cachette où le père Noël s'est réfugié.
- Papa, non ? dit Benoît.
- Oui, mon chéri.
- Je le savais depuis le début, s'exclama Benoît.
- Et il a perturbé la caméra de Benoît avec un brouilleur !
- Non, non, petit Jules, il a simplement retiré le fusible qui commandait la prise.
- Ah !
- Et sa barbe ?
- Il avait un masque qui se liait à l'arrière de la tête, et la barbe y était solidement implantée.
- Mais ses yeux bleus ?
- Des lentilles de contact colorées.
- Ben ça alors. Mais pourquoi veut-il que nous croyions au Père Noël ? demanda Benoît.
- Voici une question pertinente, votre père aime se déguiser et vous faire des surprises.
- Ouais, il s'habille en clown pour nos anniversaires, dit le petit Jules, ravi.
- Bof ! Il nous fout plutôt la honte, dit Benoît se rappelant les regards moqueurs de ses copains lors de son dernier anniversaire quand son père fit le clown devant eux.
- De toute façon, je n'avais jamais cru au Père Noël, dit le petit Jules.
- Oh ! L'autre, le menteur, dit Benoît.
- Alors pourquoi tu disais que tu y croyais ? demanda sa maman.
- Pour avoir un cadeau en plus !

- Petit rusé ! Et maintenant, il ne tient plus qu'à vous pour qu'il continue ou pas.
- Comment ça ? demanda Benoît.
- Soit vous lui montrez l'enregistrement où il sort de derrière le miroir, ou bien vous lui laissez le plaisir de vous refaire une nouvelle fois le Père Noël l'année prochaine.
Jules et Benoît s'interrogèrent du regard quand leur papa arriva.

« Alors les enfants, vous avez passé une belle nuit de Noël. Ah ! Je vois que le père Noël est passé. Quelqu'un l'a vu ? demanda innocemment en regardant du coin de l'œil Benoît
- Oui, je l'ai vu, s'exclama Benoît et même Jules l'a filmé.
- Ah bon ! Avec ta caméra ? demanda inquiet le père.
- Non, elle n'a pas marché, mais Jules en avait mis une autre en autonome.
- Et alors ?
- Nous avons enregistré toute la rencontre de Benoît avec le Père Noël et…
- La caméra s'est arrêtée après que le père Noël se soit téléporté du salon, coupa Benoît.
- Il s'est téléporté, incroyable ! On peut voir ?
- Ben…hésita Benoît.
- La batterie de la caméra est vide, dit petit Jules venant au secours de son frère. Mais on te fera un petit montage.
- D'accord ! Je vais chercher du pain frais et des viennoiseries pour fêter ça ! Vous voyez, je vous avais bien dit que le Père Noël existait ! »
Et le père repartit en sifflotant, heureux encore une fois d'avoir réussi sa représentation du Père Noël.

« Tu ne voulais pas lui dire ? demanda le petit Jules.
- Non. C'est trop drôle de faire croire à papa qu'on croit au Père Noël, et de le voir nous mentir, dit rigolard Benoît. Allez, je vais ouvrir mes cadeaux.
- Mais pourquoi fait-il ça papa ? demanda Jules à sa mère.

- Tu sais, au départ, le Père Noël a été inventé par les grandes personnes pour les enfants, mais aussi pour l'enfant qui reste en nous une fois devenues adultes.
- C'est bizarre l'adulte, commenta petit Jules avant d'ouvrir ses cadeaux.

Un matin pas comme les autres

Ce matin-là, le Soleil se leva l'esprit très embrumé après avoir paresseusement retiré sa couverture nuageuse. Il avait durant toute la nuit fait la fête avec ses copines, la Lune et la comète d'Halley qui n'était pas revenue lui rendre visite depuis plus de soixante-dix ans. Pour fêter l'événement, ils dansèrent avec les étoiles, ils burent le lait légèrement alcoolisé en provenance directe de la Voie lactée. Ils finirent par un prodigieux vol d'étoiles filantes. Après cette rumba des planètes, le Soleil avait la gueule de bois, mais comme tous les matins, depuis quatre milliards d'années, il tenait à faire le lever qui avait fait sa gloire sur l'ensemble des planètes de son système et particulièrement sur la troisième planète que ses habitants appelaient la Terre. Cependant, le soleil remarqua qu'il n'avait pas son impact habituel sur les humains, et au contraire il semblait que son apparition provoquait plutôt un certain affolement. Le soleil se demanda la raison de ce désordre en regardant autour de lui si par exemple un astéroïde ne se précipitait pas sur la Terre, mais rien de cela. La Lune très fatiguée qui partait se coucher lui dit n'avoir rien remarqué de particulier. Alors, l'astre se mira dans la Voie lactée, ne vit pas de tache solaire particulière - il en profita d'ailleurs pour se mettre une autre couche de crème solaire. Il lustra ses rayons, mais rien n'y fit, les Terriens s'affolaient toujours en le regardant. Soudain une éruption solaire se fit dans son esprit embrumé, il s'écria :
« Merde, je me suis levé à l'ouest ! »

Trois

La salle d'attente était vide. Elle ressemblait à toutes les autres salles d'attente, triste et ennuyeuse avec sa pile de journaux racornis plus ou moins récents. Les quelques chaises usées par les postérieurs nombreux et divers avaient besoin d'être remplacées. Aux murs, il y avait de belles photos de régions de France, mais qui n'égayaient pas malgré tous leurs efforts cet endroit d'attente et, paradoxalement, de grand passage aussi. Mais il y a salle d'attente et salle d'attente. Dans les beaux quartiers, les gens attendent confortablement installés dans des fauteuils moelleux et ailleurs sur des chaises instables et grinçantes. Mais avant d'aller chez le dentiste la crainte est la même, que l'on soit dans un beau ou moche quartier. Ici, nous n'attendons pas le dentiste, mais les protagonistes de cette petite histoire. J'ai failli oublier de vous dire que nous étions dans un hôpital public, lequel ? Je n'en sais rien, mais cela n'a pas vraiment d'importance.

« Entrez monsieur, vous serez plus tranquille ici pour attendre, dit l'infirmière en ouvrant la porte. Vous avez un distributeur de café à votre disposition.

- Merci dit l'homme en entrant. Il fouilla ses poches à la recherche de quelques centimes.

- Tenez, voilà cinquante centimes pour vous offrir un café.

- Je vous remercie encore mille fois.

- Courage, votre fils va s'en sortir, ce n'est qu'une syncope. N'en ayez pas trop gros sur le cœur. »

L'infirmière referma la porte laissant l'homme devant la machine à café dont il observa méthodiquement les boutons. Puis il lut les quelques mots d'utilisation, et chercha la fente pour y introduire la pièce. Il la trouva, y glissa la pièce qui retomba aussitôt en cliquetant dans le bassinet des pièces rendues. Il retenta sa chance. Retour. Il réessaya plusieurs fois en modifiant la poussée et l'angle d'introduction, rien n'y fit. Il appuya par dépit sur un des boutons de la machine, immédiatement un gobelet descendit puis un liquide au parfum de café le remplit. L'homme prit le café ainsi servi oubliant la pièce de cinquante centimes dans le bassinet. Assis les yeux dans le vague, il sirota lentement son breuvage qui n'avait du café que l'odeur. Il attendait. L'homme avait une quarantaine d'années, une forte corpulence - quand on veut éviter de dire le mot gros -, et dégarni. Son visage légèrement flasque semblait un peu apeuré. Son téléphone portable sonna.

« Allô chérie ! Oui… Les médecins sont optimistes, mais ils vont lui faite des examens… Non, non, il ne va pas mourir… J'attends les résultats… Tu as trouvé quelqu'un pour les enfants?...Tu as demandé aux voisins?... Bon… Je t'appelle dès que j'ai des nouvelles… » Clap !

L'homme tapota sur son téléphone portable et commença à jouer pour oublier l'attente. À peine avait-il attaqué le deuxième tableau que la porte s'ouvrit sur la même infirmière qui laissa entrer un homme.

« Ne vous inquiétez pas monsieur, il sera rapidement sur pied.

- Il n'y a vraiment pas de quoi plaisanter, dit froidement l'homme.

- Oh ! Excusez-moi. C'était involontaire. » Et elle referma la porte en gloussant de son indélicatesse.

« Ces infirmières sont réellement sans gêne », dit-il à haute voix.

L'homme dégarni, en difficulté dans le deuxième tableau répondit par un discret « hum ». L'homme avec une coupe en brosse et d'une l'allure sportive se retourna vers la machine à café qui lui semblait plus causante. Il introduisit une pièce sortie de son portefeuille qui comme précédemment termina dans le bassinet. Surpris, il regarda les deux pièces qu'il avait récupérées, puis il réessaya plus qu'il n'est permis finissant par s'énerver après la machine.

« Si cette machine est comme les médecins, je vais retrouver mon fils à la morgue.

- Ne dites pas ça, dit l'homme chauve avec effroi, et qui avait perdu trois vies au seul troisième tableau de son jeu vidéo. Appuyez sur le café que vous souhaitez, il n'y a pas besoin de mettre d'argent.

- C'est une aubaine, de plus j'ai gagné cinquante centimes.

- Ils appartiennent à l'infirmière qui me les a prêtés.

- Ah ! dit la coupe en brosse un peu déçue. Je vous les rends alors.

- Posez-les sur la table, je recommence un niveau.

La coupe en brosse choisit un café robusta puis s'assit à deux chaises du joueur. Il prit machinalement un journal qu'il feuilleta sans le regarder, les yeux perdus. Il avait envie de parler, mais l'autre était immergé dans son petit écran, sourd aux aléas du monde réel.

Pourtant, il aurait voulu lui dire son agacement voire sa colère envers son fils et curieusement aussi toute la tendresse pour son cadeau qui avait malheureusement fini dans son pied. La porte s'ouvrit brusquement.

« Mais qu'est-ce cet hôpital, lança un homme en costume à la dernière mode en entrant dans la pièce.

- Vous êtes dans un hôpital monsieur, et on y fait silence. Voilà plus d'une heure que vous ennuyez le personnel et les patients avec vos éructations.

- Éructations ! Mais pour qui vous prenez-vous ? Savez-vous seulement qui je suis ?

- Tout le monde le sait maintenant, monsieur, alors calmez-vous, asseyez-vous tranquillement ici en attendant que l'on vienne vous chercher, sinon vous allez énerver quelqu'un et vous risquez de terminez comme votre fils !

- C'est malin comme remarque ! »

L'infirmière excédée claqua la porte. « Incroyable » s'exclama l'homme en costume, les cheveux légèrement gominés. Il regarda les deux autres hommes, les soupesa rapidement et vit aussitôt qu'ils n'étaient pas de son monde. Il prit son téléphone portable et appela.

- « Allô ! Bonjour professeur. Oui, je vous rappelle pour savoir où vous en êtes du transfert de mon fils vers l'hôpital américain… Des problèmes… Intransportable pour le moment, mais pourquoi… Risque de traumatismes… Mais quand pourrai-je le voir ?... Je sais bien que ce n'est pas votre hôpital… Bon d'accord. »

Le gominé raccrocha sous le regard de la coupe en brosse tandis que le dégarni s'évertuait à essayer de franchir le niveau deux de son jeu. Il passa un nouvel appel.

- « Allô Chérie ! Quand est-ce que tu arrives ?... Tu finis ta descente… Quel temps fait-il à Megève ?... Génial… Tu n'arriveras que demain… Évidemment, il est impensable de rater cette soirée d'autant que le Président y sera… Donc peut-être à demain soir… Je t'embrasse. »

Le gominé s'assit à deux places de la coupe en brosse qui essayait vainement de croiser son regard pour entamer une conversation. Le gominé remarqua la pièce qui était posée sur le journal, il la saisit et se releva pour se diriger vers la machine à café. Et comme pour les autres, la pièce s'obstina à retomber dans le bassinet.

« La machine est cassée, mais le café est gratuit. Choisissez celui que vous souhaitez, dit la coupe en brosse.

- Enfin une chose agréable ici. » Alors que le café s'écoulait, il récupéra la pièce qu'il mit dans sa poche.

- Cette pièce appartient à l'infirmière, osa remarquer la coupe en brosse.

- Tant pis pour elle, elle n'avait pas à la laisser traîner.

- Vous avez raison

- Il est impossible de passer ce niveau, s'exclama le dégarni.

- Comment ? vous arrivez à jouer dans un moment pareil ! C'est votre chien qui est hospitalisé ?

- Non, mon fils. Mais jouer me permet de ne pas penser.

- Moi aussi, mon fils est hospitalisé, mais je ne reste pas à m'amuser avec un stupide jeu.

- Comme c'est drôle, mon fils aussi est hospitalisé, dit la coupe en brosse.

- Vous trouvez ça drôle, il semble que nous n'ayons pas le même sens de l'humour.

- Non, euh… Je voulais dire… Nous sommes tous les trois…

- Pourquoi est-il ici votre fils ? demanda le dégarni.

- Il ne va pas y rester longtemps, je vous le dis. Hôpital miteux pour miteux.

- Vous avez raison, dit la coupe en brosse, dès qu'on m'y autorise, j'emmène le mien dans une clinique privée. J'en connais une très bien, mon beau-frère y a séjourné et…

- Il ira à l'hôpital américain de Neuilly !

- Ah !

- Je n'ai pas les moyens, mon fils restera ici, dans cet hôpital miteux pour miteux.

- Excusez-moi ! Je ne voulais pas dire ça, mais cette histoire m'a tellement mis en colère. Pourquoi votre fils est-il ici ? demanda-t-il au dégarni.

- Une syncope à cause de difficultés respiratoires.

- Diantre et vous ? demanda-t-il à la coupe en brosse.

- Euh ! Une blessure au pied, et vous ?

- Le mien… Eh bien, pour contusions multiples avec peut-être une ou deux fractures.

- Il a chuté ?

- En quelque sorte…

- Quel âge a votre fils ? demanda le dégarni, le mien a seize ans.

- Comme mon fils, répondit gominé qui regardait maintenant par la fenêtre.

- Comme c'est drôle, mon fils aussi ! » dit la coupe en brosse.

Mais son sourire disparut aussitôt quand il vit les regards affligés de ses compagnons de salle d'attente. Le portable du dégarni sonna d'une ritournelle à la mode.

« Oui, mon sucre… Non, je n'ai pas plus de nouvelles, mais il va bien d'après le médecin… - se sentant observé et écouté, il préféra sortir - excuse-moi, mon sucre, je sors de la salle d'attente…

- Pauvre gars ! dit la coupe en brosse.

- Pourquoi ?

- Je comprends que son fils ait des problèmes d'essoufflements. La coupe en brosse s'arrêta de parler.

- Oui et alors ? redemanda le gominé un peu agacé.

- Eh bien, dit la coupe en brosse en baissant la voix, son fils…

- Vous pouvez parler normalement, personne ne peut vous entendre à part la machine à café, mais je ne crois pas qu'elle ira répéter à qui que ce soit.

- Ah ! Je vais vous dire, son fils a une surcharge pondérale.

- Et alors ? Moi aussi, mon médecin me l'a reproché lors de mon dernier check-up.

- Vous ne comprenez pas, une grosse charge pondérale, il est gros.

- Obèse ?

- Voilà le bon mot !

- Mais comment peut-on laisser son enfant s'engraisser de la sorte ? »

Le dégarni entra coupant court à la conversation.

« Ma femme ne pourra venir avant quelques heures, elle va emmener nos enfants chez sa sœur, elle ne sera pas ici avant une heure ou deux.

- Tant mieux pour vous ! Moi, ma femme a divorcé, dit le la coupe en brosse.

- Ah Bon ! Et pas vous ?

- Si, évidemment. Enfin, c'est elle qui est partie. J'ai essayé de l'appeler, mais la Chine n'est pas la porte à côté.

- La mienne est en train de descendre des pistes à Megève, vous savez. Alors votre fils souffre d'obésité ?

- Euh… Comment ? Oui, répondit le dégarni.

- Quel poids ?

- 120 kilos pour 1m80.

- À 16 ans ? Demanda la coupe en brosse.

- Mais c'est énorme ! s'exclama le gominé. Comment peut-on laisser faire ça ? C'est de l'irresponsabilité ! Vous ne l'avez pas vu grossir ?

- Déjà tout petit, il se portait bien. Puis en grandissant, progressivement il prit du poids. On l'a mis souvent au régime, mais sans succès.

- Il a pris du poids, il a pris du poids ! S'écria excédé le gominé. Pour qu'il grossisse, vous avez dû le gaver votre fils.

- Tous les jours au vite mangé ! dit la coupe en brosse.

- Hein !

- Au fast-food…

- C'est de l'humour ? dit le gominé. Précisez quand nous devons rire.

- Euh, oui. Mais pour prendre sa défense, aujourd'hui, ils mettent tellement de saloperies dans les gâteaux que les enfants ne peuvent que grossir.

- Justement… Je travaille à la chaîne dans une usine de biscuits pour enfants.

- La boucle est bouclée ! s'esclaffa le gominé. Du producteur au consommateur, et le soir vous rameniez quelques gâteaux, n'est-ce pas ?

- Cela lui faisait tellement plaisir. Avec mes horaires décalés, je ne le voyais pas souvent.

- Et maintenant, il paie son plaisir et le vôtre. Quelle idée de travailler dans ce type d'usine qui empoisonne nos enfants. Il faut être inconscient.

- Il faut bien nourrir sa famille, et je ne suis pas responsable de la composition des aliments.

- Peut-être, mais vous êtes un maillon de la chaîne, si je puis dire, dit le gominé.

- Ouais, vous êtes encore une pauvre victime du système, sans ambition particulière, vautré tous les soirs à regarder la télé, enfonça un peu plus la coupe en brosse.

- Avez-vous déjà fait une journée à la chaîne ?

- Non ! Que Dieu m'en préserve ! Je suis ingénieur, dit la coupe en brosse, offusqué.

- Cela ne vous empêche pas d'avoir un fils avec une balle dans le pied.

- Une balle dans le pied ! S'étonna le gominé. Votre fils a été aussi victime d'une agression ?

- Pourquoi le vôtre a été attaqué ?

- Oui, enfin… Mais votre fils comment s'est-il retrouvé avec une balle dans le pied ?

- Eh bien, un accident bête…

- Vous en connaissez des accidents intelligents ?

- Non.

- C'est un accident de chasse ?

- Non, pas du tout. C'était un cadeau.

- La balle dans le pied ?

- Non, non, l'arme…

- Une arme pour cadeau ? Mais qu'est-ce qu'on peut offrir, une mitraillette, un pistolet ou même pourquoi pas une Kalachnikov.

- Euh… Oui.

- Quoi ! Mais c'est une arme de guerre, interdite en France !

- Mais il a voulu me faire un cadeau.

- Étrange cadeau, dit le dégarni.

- Je collectionne les armes, mais rassurez-vous, elles sont toutes réformées.

- Encore heureux, sauf la Kalachnikov.

- Je vous le répète, c'est un accident. Il a acheté cette arme à un copain qui connaissait des trafiquants douteux venant des pays de l'Est.

- Ces contrebandiers sont vraiment la plaie de notre monde.

- Et les producteurs d'armes ? Ne seraient-ce pas eux les vrais criminels ? dit le dégarni.

- N'exagérons rien, dit le gominé.

- Oui, l'industrie de l'armement fait vivre beaucoup de monde, remarqua la coupe en brosse.

- Pourquoi vous travaillez pour l'armée ? demanda le dégarni.

- Non, pas directement. Je travaille dans une société qui construit des missiles, mais pas des fusils mitrailleurs, c'est une autre branche.

- Ah ! Vous me rassurez, dit ironique le dégarni. Il est vrai que les missiles ne tuent pas.

- Ne soyez pas stupide, évidemment que cela tue. Mais nous faisons de la haute technologie, nos missiles sont d'une très grande précision et ils font beaucoup d'envieux à travers le monde.

- En fait, vous êtes les aristocrates de l'armement, vous tuez mais avec de la haute technologie, vous n'êtes pas du même monde que les fantassins et la population qui se prennent vos missiles, commenta moqueur le dégarni.

- Tu as tué par le glaive tu périras par le glaive, dit le gominé.

- Comment ?

- Vous tuez avec vos missiles et votre fils se prend une balle.

- Mais je ne lance pas les missiles, je les construis, ce n'est pas pareil. C'est comme si vous accusiez le forgeron qui a forgé le couteau qui a servi pour un crime.

- Sauf que le couteau a pu être forgé pour couper le pain, alors que pour un missile, il y a peu de doutes sur son utilisation, dit le dégarni.

- Le missile peut être dissuasif.

- Comme un missile nucléaire ? Ben, voyons. Comment peut-on laisser son fils manipuler les armes ? Et pourquoi lui donner le goût des armes ?

- Il a toujours aimé les armes.

- J'imagine qu'une collection comme la vôtre devait sûrement l'intriguer quand il était petit.

- Je ne l'ai jamais poussé. Je lui montrais comment les armes fonctionnaient et parfois nous jouions aux gendarmes et aux voleurs avec de vraies armes. Il adorait ça.

- Et vous dites que vous ne l'avez jamais poussé à aimer les armes.

- C'est drôle, ma femme disait la même chose.

- Et elle est partie, commenta le dégarni.

- Oui, et je n'ai pas encore compris.

- Les armes sont un tue-l'amour. Vous êtes bizarres, messieurs, vos deux enfants sont malades de la conséquence de vos actes : vous, la nourriture et vous, les armes.

- Et vous monsieur le moralisateur, votre fils que lui est-il arrivé ? demanda soudainement la coupe en brosse fatiguée d'être sous le feu des questions embarrassantes.

- Il s'est fait agresser dans un train de banlieue par une bande de kailleras, comme on dit maintenant.

- Les trains ne sont plus sûrs. C'est pour ça que je prends ma voiture, remarqua la coupe en brosse.

- Faut-il encore en avoir les moyens. Et aucune personne n'est intervenue ?

- Non. Il n'y a plus de solidarité dans ce pays. C'est chacun pour soi et Dieu pour tous, et tant pis pour les athées.

- Très drôle, rigola la coupe en brosse.

- Je sais où je vous ai vu, s'exclama le dégarni. Lors d'un reportage sur la dérive sécuritaire, vous faisiez fièrement visiter votre maison surveillée par un nombre incroyable de caméras et par des gardiens prêts à bondir au moindre appel.

- Et que faisait votre fils dans ce train ? Demanda la coupe en brosse.

- Euh…

- À votre hésitation, il n'avait pas la permission.

- Aurait-il fugué ? Car mon fils a fui notre maison lors du divorce de ma femme… de notre divorce, dit la coupe en brosse.

- Oui.

- Vous êtes incapable de garder votre fils, et vous venez nous parler de solidarité, se moqua le dégarni qui tenait sa revanche. Connaissez-vous le sens du mot solidarité ?

- Cela n'a rien à voir !

- Oh que si ! L'amour de l'autre est le moteur de la solidarité.

- Je ne vois pas le rapport.

- J'imagine que votre fils a fui votre manque d'amour.

- Mais je l'aime.

- A quand remonte la dernière sortie avec lui ?

- Eh bien…

- Moi, c'était dimanche dernier ! s'exclama la coupe en brosse, au Salon du Bourget.

- Dimanche aussi, une balade en famille, précisa le dégarni. Et vous ?

- Il est sorti avec ses copains, je ne sais plus où… J'avais un rendez-vous d'affaires important.

- Alors ne vous plaignez pas du manque de solidarité. Ce manque est une souffrance d'amour, dont vous souffrez encore plus gravement, vous qui avez tout !

- On dirait des paroles de curé, dit la coupe en brosse.

- Et vous, votre amour est de lui donner des gâteaux pour l'engraisser, répliqua vivement le gominé

- Sa démonstration n'est pas si absurde, insista la coupe en brosse.

- Oh vous ! Avec votre amour des armes. Ces deux mots me paraissent antinomiques. »

Un long silence s'ensuivit, où chacun se replongea dans ses actes passés et manqués. Toutes les fois où ils auraient pu agir, mais où les bonnes raisons hypocrites les firent renoncer. Combien de fois le dégarni aurait-il pu ramener autre chose que des gâteaux ? Combien de fois la coupe en brosse avait-il hésité à lire un livre de conte comme sa femme lui proposait au lieu du catalogue des avions de combat ? Combien de fois le gominé avait-il accepté un rendez-vous à l'heure où il avait promis à son fils d'être avec lui ? Le gominé prit la parole.

« Nous avons tous les trois échoué d'une manière ou d'une autre.

- Il me semble. L'éducation d'un enfant est difficile, dit le dégarni.

- Il n'y a pas d'éducation parfaite, remarqua la coupe en brosse.

- Peut-être… Mais en luttant les uns contre les autres, quel exemple donnons-nous, nous les adultes à nos enfants ? questionna le gominé.

- Vous avez raison, dit le dégarni. Si nous souhaitons que nos enfants ne souffrent plus, nous devons construire un monde plus juste, plus solidaire, maintenant. »

Imperceptiblement les trois hommes se rapprochèrent devant la machine à café. Une force se dégageait d'eux, celle qui défie tous les idéaux, transperce toutes les couches sociales, et magnifie la bonté humaine. Cette puissance qui rend tout possible. Une émotion impalpable et vibrante s'empara de la pièce, même la machine à café en était touchée. Les regards se croisèrent, puis lentement les mains des trois hommes s'entremêlèrent pour n'être plus qu'un, qu'une seule société, choisissant d'aller vers une même destinée. La porte s'ouvrit sur cet étonnant tableau ; l'infirmière peu surprise car elle en avait vu d'autres dit simplement :

« Excusez-moi d'interrompre ces effusions, mais le docteur peut vous recevoir. Il attend dans le bureau d'à côté le premier d'entre vous », et l'infirmière disparut.

Les mains se démêlèrent immédiatement. Le gominé s'avança aussitôt retenu par le dégarni.

« Pourquoi vous ?

- Elle a dit le premier d'entre vous !

- Et la solidarité ?

- J'y vais pour vous mettre d'accord, dit la coupe en brosse.

- Je suis un ouvrier, je dois avoir la priorité. Il faut être solidaire avec les masses laborieuses.

- La solidarité ne tient pas compte de la classe sociale, mais seulement de la souffrance subie, répondit la coupe en brosse. Et mon fils avec le divorce et cette balle dans le pied a sûrement le plus souffert.

- On doit être solidaire avec ceux qui peuvent être les plus généreux comme mon fils qui héritera de ma fortune plus tard. »

Les trois hommes se jetèrent simultanément vers la porte et se trouvèrent bloqués dans l'embrasure en criant : « Moi d'abord ! Je mérite plus la solidarité que les autres ! ». Oubliant simplement qu'avant de recevoir, il faut donner un peu.

La belle au bois éveillant

Il était une fois une princesse qui dormait paisiblement depuis cent ans dans son château. Comme sa lointaine cousine la belle au bois dormant, elle avait été victime du sort d'une vilaine sorcière, à cette différence que ce n'était pas la piqûre d'un rouet qui l'avait envoyée au pays des rêves, mais la piqûre d'une aiguille à tricoter. L'autre petite différence concernait la vilaine sorcière qui était beaucoup moins douée, par conséquent et après cent ans, les lèvres de la princesse se mirent à frémir doucement, puis lentement se tendirent pour ressembler à un cul-de-poule défigurant son joli minois. Après un début de crampe de sa lèvre inférieure, elle ouvrit légèrement un œil quand un oiseau vint atterrir sur le rebord de la fenêtre, aussitôt elle clôt sa paupière. Rien ne vint. Quelques instants d'espoirs passèrent, puis elle se risqua à nouveau à l'ouverture d'un œil, puis logiquement suivit par l'ouverture de l'autre. Ses lèvres étaient toujours tendues dans l'attente du baiser salvateur. Soudain, elle s'aperçut qu'elle était totalement éveillée sans la présence de son prince charmant. Il y avait tromperie. « Peut-être était-il parti lui chercher des fleurs après l'avoir embrassée ? » espéra-t-elle. La princesse se mit sur son séant et regarda autour d'elle, la chambre n'avait pas changé, même pas un grain de poussière. L'enchantement des gentilles sorcières l'en avait préservé. Un léger bruit venant de l'escalier la replongea dans un sommeil feint, les lèvres toujours dans l'attente du baiser de son prince. Mais rien ne vint. Elle attendit encore. Rien. Alors elle décida de se lever. Elle regarda par la fenêtre la belle journée de printemps et les immenses ronces qui semblaient entourer le château. Et aucun prince à l'horizon ! « Mais où est mon doux prince ? ». Elle ouvrit la porte de sa chambre, pièce unique et située au sommet d'une haute tour. Elle pénétra prudemment dans un petit couloir éclairé par des petites lucarnes et qui menait à un long escalier en colimaçon. Le grognement d'une bête résonna dans le couloir, la princesse battit précipitamment en retraite dans sa chambre, refermant violemment la porte derrière elle. Elle saisit un chandelier, prête à frapper. Mais rien ne vint. Elle approcha doucement de la porte qu'elle entrebâilla un peu. Le grognement se faisait entendre par cycle. Prenant son courage dans une main et le chandelier dans l'autre, elle repartit dans le petit couloir au bout duquel se tenait sûrement une bête ignoble. Arrivée près de l'escalier, elle surgit en hurlant, le ronflement de l'homme s'arrêta net. Un garde endormi entravait la descente de l'escalier par son corps allongé. Elle lui donna quelques petits coups de pieds pour le réveiller, sans aucun effet. Elle tenta de le remuer comme elle put pour finir épuisée assise à côté de lui. La princesse regarda plus attentivement le visage du garde sous son casque. Il n'était pas comme le prince dont elle avait rêvé, mais un sentiment de tendresse lui vint pour lui quand soudain sa bouche s'ouvrit pour exhaler une très vieille odeur d'ail putride. La princesse sauta sur ses pieds de surprise et d'horreur et elle se précipita dans le long escalier qui rejoignait le rez-de-chaussée. Je ne sais pas qui a eu l'idée de mettre les princesses dans des grandes tours, mais cela se voit que ce n'était pas lui qui montait ou descendait les étages. Le temps que la princesse descende cet escalier même précipitamment, vous pouvez vous offrir un petit café, un thé ou une tisane. Rendez-vous au paragraphe suivant – personnellement, je préfère le thé.

Nous reprenons le récit alors que la princesse dévalait les dernières marches du fastidieux escalier qui menait directement à la salle du trône par une porte sur laquelle elle alla s'aplatir, car celle-ci refusa de s'ouvrir sous son élan. Son joli nez ressemblait maintenant à une figue mûre écrasée ruisselant de son jus. Encore étourdie, elle tenta de pousser la porte, et après maints efforts, elle réussit à l'entrebâiller pour qu'elle puisse se faufiler. Elle enjamba comme elle put les corps des deux gardes endormis qui bloquaient la porte, mais un de ses pieds se prit dans un ceinturon et elle s'étala encore une fois. Un juron qui ne sied pas à une princesse de son rang tonna dans la salle du trône. Le réveil merveilleux dont elle avait rêvé durant son siècle de sommeil tournait au cauchemar.

« Mais où est mon prince ? » implora-t-elle.

Un doux ronronnement emplissait la salle du trône. La princesse se releva et constata que le son venait de l'assistance profondément assoupie. Ses parents installés sur les fauteuils du trône dormaient aussi. Elle tenta de les réveiller, peine perdue. Assise au pied du trône, le nez ensanglanté, sa jolie robe salie et déchirée par ses chutes, la princesse qui n'en avait plus l'allure se mit à maudire le prince et son retard, ainsi que toutes les fées qui s'étaient penchées sur son berceau, bonnes ou mauvaises. Mais pourquoi était-elle la seule éveillée dans ce château ? Elle ne comprenait pas, mais l'oiseau qui vint se poser sur son épaule la surprit.

« Cui, cui !

- Que veux-tu, toi, dit-elle avec un haussement d'épaules qui voulait chasser l'oiseau.

- Cui, cui, cuuuiii, répondit l'oiseau en s'agrippant fermement au muscle trapézoïdal.

- Mais tu me fais mal ! » Et elle lui envoya un violent coup que l'oiseau préféra éviter en s'envolant vers le crâne d'une statue qui dominait le trône.

- Cuiaïe ! Cuiaïe ! s'exclama de peur l'oiseau.

- Tu dois être envoyé par mes bonnes fées, dit ironiquement la princesse au nez rouge.

- Coui ! Coui !

- Je m'en doutais. Tu ne remercieras pas tes maîtresses. Je me retrouve seule dans un château endormi ! Que dois-je faire maintenant ?

- Cui ! Cui ! chanta l'oiseau en s'envolant vers la porte qui menait à sa chambre.

- Tu veux que j'aille me recoucher après tout ce temps ! J'ai l'impression d'avoir dormi pendant un siècle !

- Coui !

- Un siècle de sommeil ! Et pendant tout ce temps, il n'y a pas eu un prince pour venir me réveiller !

- Cunoon ! siffla tristement l'oiseau.

- Les contes ne sont plus ce qu'ils étaient… Et puis je vais mourir de faim.

- Cunoonnn » persifla l'oiseau en s'envolant vers une table couverte de victuailles. La princesse constata avec étonnement que les fruits, les légumes et même la viande étaient du jour.

« Si je comprends bien, tu veux que je continue d'attendre mon prince charmant ?

- Coui ! Coui !

- Tu diras aux fées qu'elles n'ont pas été très bonnes sur ce coup-là ! Bon, je vais aller tricoter.

- Cunon !

- Pourquoi ? Ah oui, j'en reprendrais pour un siècle si je me piquai. Tu reviendras pour me prévenir de l'arrivée de mon prince !

- Coui ! Coui ! » chanta-t-il en partant.

Une semaine plus tard, l'oiseau n'était pas revenu. Pour oublier son attente, la princesse avait visité toutes les salles du château dont elle connaissait désormais chaque recoin. Sa large robe brodée de dentelles s'était métamorphosée en une chemise et un pantalon plus commode pour grimper dans les greniers ou descendre dans les caves, tandis que ses longs cheveux vaporeux étaient maintenant emprisonnés dans une queue de cheval. Tournant en rond et en carré, la princesse pestait dans la salle du trône.

« Mais que fait-il cet oiseau ? Je serai bien allée à sa rencontre, mais impossible de sortir avec cette forêt de ronces qui enceint le château. Si je ne sors pas d'ici, je crois que je vais devenir folle à regarder tous les jours ces gens dormir comme des bienheureux ! » Elle regarda longuement ses parents assis sur le trône. « Le souterrain ! » s'écria-t-elle.

Elle se précipita sur le mur situé à l'arrière du trône et elle le frappa cherchant l'ouverture.

« Je sais que son entrée est ici, mais comment actionne-t-on le mécanisme d'ouverture ? Mon père, le roi, ne m'en a jamais rien dit ! »

Une grande partie de la journée, la princesse chercha le mystérieux mécanisme de l'ouverture du passage secret. Elle manipula toutes les statues, leurs bras, leurs pieds, leur tête, tout ce qui pouvait ressembler de près ou de loin à un levier. Certaines frises de décoration de la grande salle cédèrent sous les efforts de la princesse qui croyait activer un éventuel mécanisme. Mais rien n'y fit. Son exaspération devant le refus flagrant de ce mur d'obtempérer lui fit jeter de colère les morceaux de frises brisées contre lui. Puis elle se mit à faire les cent pas devant lui, sentinelle exacerbée, en criant à qui voulait l'entendre son infortune. Elle trépigna sur place de rage d'être coincée dans ce château maudit sans prince charmant quand un frottement de pierre résonna dans la salle. Le passage secret s'ouvrit. La princesse regarda étonnée la dalle sous ses pieds et qui était la clé de l'ouverture. Prudemment, elle avança vers le passage qui donnait sur quelques marches qui s'évanouissaient dans les ténèbres. Elle alla chercher une torche enflammée et commença à descendre les premières marches et l'oiseau revint. Il piaffa comme un forcené pour alerter la princesse de son retour tout en voletant aussi vite qu'il pouvait vers l'entrée du souterrain. La princesse se retourna brusquement avec un grand sourire, mais son pied glissa sous le mouvement et elle tomba en se retenant à un manche qui déclencha aussitôt la lente fermeture de la porte. L'oiseau fonça en piqué pour tenter de rejoindre la princesse dans le souterrain. L'ouverture s'amenuisait au fur et à mesure de son approche. « Je vais passer ! », pensa-t-il avant de s'assommer violemment contre le mur et de sombrer dans le noir comme la princesse dans son souterrain dont la torche avait été soufflée lors de la fermeture de la porte. D'abord apeurée par le silence de tombe et son aveuglement soudain - elle se croyait comme morte - doucement ses sens s'habituèrent à ce nouvel environnement. Elle entendit l'écho d'un chuintement lointain ressemblant vaguement au crissement d'une porte mal huilée. À tâtons, elle se dirigea vers ce bruit. Mille fois elle buta sur des marches, mille fois elle se cogna, mille fois elle glissa sur le sol humide et mille fois courageuse, elle repartit. Après un périple qui lui parut sans fin, elle vit enfin un rai de lumière passer sous une porte mal fermée. Mais le bois vermoulu lui résista. Alors, elle appuya encore plus fortement, de toute son énergie, et la porte céda brusquement devant tant d'insistance. La princesse fut projetée au-dehors du souterrain où elle survola sur quelques mètres une forêt de ronces impénétrable avant d'échouer dans une petite clairière herbeuse où bondissaient quelques lapins. Remise de ses émotions, elle se retourna, et vit au-dessus d'elle l'entrée de la porte surplombant la forêt de ronces. Elle avait eu de la chance de s'en sortir sans un os brisé, mais il lui était impossible maintenant de rebrousser chemin. La princesse se releva en retirant quelques ronces qui s'étaient agrippées à elle lors de son vol pas trop plané. Le château était sur sa gauche et, en contrebas sur sa droite, l'unique chemin qui y menait. Au loin elle vit l'horizon qui poudroyait. Après quelques instants, elle distingua un cavalier qui arrivait à bride abattue. Soudain se rappelant l'arrivée de l'oiseau, elle se persuada qu'il était son prince charmant. La princesse dévala la pente de la colline qui rejoignait le chemin en criant de tous ses poumons : « Mon prince ! Mon prince ! ». Quand le cavalier qui était bien le prince, vit la jeune fille en haillons couverte de boue et de ronces se précipiter vers lui en criant : « Mon pince ! Mon pince ! », il pensa avoir affaire à une quelconque sorcière. Le prince freina son destrier devant la princesse qu'il ne reconnut pas puisqu'il ne l'avait jamais vue auparavant.

-« Mon prince ! s'écria-t-elle.

- Hein !

- Je suis la princesse !

- Vous vous êtes regardée ! »

La princesse se rendit compte de son état pitoyable, couverte de boue, le nez saignant, des ronces encore agrippées à elle comme des berniques, sa belle chevelure maculée de terre, elle n'avait effectivement plus rien d'une princesse.

- Si vous êtes une princesse, moi je suis le pape !

- Mais…

- Écartez-vous ! Je n'ai pas de temps à perdre, car je suis déjà en retard et j'ai une vraie princesse à sauver ! »

Le prince cabra son destrier, bousculant la princesse qui s'étala par habitude, et il partit au triple galop. Il s'arrêta net un peu loin devant la forêt de ronces, mais cette dernière s'ouvrit devant lui, car tel le voulait l'enchantement des bonnes fées. Prudemment, le prince pénétra sur le chemin ainsi ouvert, l'épée à la main, prêt à combattre. Et au fur à mesure qu'il avançait, la forêt se refermait derrière lui ce qui enlevait toute possibilité pour le moment à la princesse de revenir.

Petit aparté : Dans la version de Walt Disney, le prince coupe les ronces, mais dans la version d'origine de Charles Perrault que je vous engage à lire, les ronces s'ouvrent devant le prince et il n'y a pas de dragon. En fait, chacun fait comme il veut, comme moi…

Le prince franchit le pont-levis et pénétra dans la première cour du château. À son passage, lentement, les gardes se réveillèrent. Il continua pour arriver dans la cour jouxtant la salle du trône. Il descendit de son cheval et pénétra dans la grande salle où il vit les gens enchevêtrés dans les drôles de positions que la princesse pendant sa semaine d'attente s'était amusée à créer. Tout doucement, les gens de la salle du trône s'éveillèrent ainsi que le roi et la reine, et leurs yeux se rivèrent sur le prince :

« Je suis le prince charmant ! » s'exclama-t-il fièrement.

Aussitôt tout le monde, enfin ceux qui n'avaient pas les bras prisonniers dans un enchevêtrement construit par la princesse, lui indiquèrent la direction de la porte de la tour vers laquelle le prince se lança cœur battant. Il commença à monter quatre à quatre le grand escalier en colimaçon de la haute tour, puis trois à trois, puis deux à deux, puis un à un, puis il s'arrêta pour reprendre à son souffle.

Profitez de ce moment de répit pour prendre un fruit, le temps que le prince pas très vaillant arrive au sommet de la tour.

Très essoufflé, le prince pénétra enfin dans la chambre de la princesse.

« Mais où est-elle ? » s'exclama le prince courroucé avec le peu de souffle qu'il lui restait.

Sa voix gronda dans la tour, elle courrut le long du haut de l'escalier pour descendre daredare fuyant la colère du prince pour atteindre enfin un peu diminuée la salle du trône dans laquelle elle résonna.

« Comment ça ? Où est-elle ? » répondit le roi.

Le roi se précipita à son tour dans la tour, suivit par la reine et toute la cour. Pendant que la longue procession entame l'ascension du monumental escalier, si j'étais vous, j'en profiterais pour faire un tour au toilette ou pour me rafraîchir.

La procession arriva enfin en haut. Le roi appuyé au chambranle de la porte reprit son souffle qu'il avait conservé dans une poche d'air. Il constata qu'au lieu de sa fille, le prince était allongé sur le lit.

« Qu'est-ce que vous faites dans le lit de ma fille ? clama le roi.

- Je l'attends.

- Comment ça ?

- J'ai fait ma part de travail. J'ai vaincu les ronces, combattu un dragon…

- Vous avez combattu un dragon ? demanda le roi, interrogateur.

- Ouais…Enfin, je vous raconterai. Je vous ai réveillé aussi, bref, vous me devez une princesse, et je ne bougerai pas d'ici tant que vous ne m'en apporterez pas une.

- Mais où voulez-vous que je la trouve ?

- Débrouillez-vous ! C'est votre fille !

- Mais ne serait-ce pas la quête d'un preux chevalier ? remarqua la reine.

- Pour que je remonte une autre tour de deux cents pieds sans personne en haut ! Ah non, merci. Et puis, j'ai faim et soif. Apportez-moi un gigot et du vin avec quelques fruits pour mon encas, et fermez-moi cette porte, cela fait des courants d'air. »

Précédé par sa cour, le roi redescendit songeur rejoindre son trône. Cette longue descente lui permit de réfléchir longuement sur la situation, très longuement, si longuement qu'il faillit s'endormir d'ennui.

Arrivée dans la salle du trône, la reine bouleversée par l'absence de sa fille remarqua sur le sol le petit oiseau qui s'était assommé contre le mur quelque temps auparavant…

« Mais c'est l'oiseau des fées ! Regarde mon roi !

-Oui, ma reine. Tu as raison. Il est mal en point ; essayons de le ranimer. »

Après quelques essais infructueux de massage cardiaque, de bouche à bec, et de quelques claques, l'oiseau se réveilla quand il fut aspergé d'une eau bien froide. Il regarda d'un œil morne le couple royal se demandant où il les avait vus. Puis les souvenirs revinrent, d'abord sa naissance, ses jeux d'enfance, son premier amour, etc. Et finalement, la princesse disparaissant dans le passage secret et ce mur qui s'interposait.

« As-tu vu la princesse ? demanda la reine.

- Cuoui !

- Dieu soit loué ! s'écria la reine.

- Où est-elle ?

-Cua, cua, chanta l'oiseau en voletant près du mur.

- Elle a pris le passage secret ?

- Cuoui. »

Le roi trépigna sur place et le passage se rouvrit. Il désigna deux gardes qu'il envoya à la poursuite de la princesse. Le petit oiseau les accompagna. Malheureusement quelques heures plus tard, ils revinrent sans la princesse. Le petit oiseau repartit à sa recherche sans l'aide des fées qui avaient fait savoir qu'elles étaient trop occupées avec les autres contes. Pendant les longues semaines qui suivirent, le prince ne bougea pas du lit de la princesse, devenant de plus en plus exigeant avec sa future belle-famille. Le roi et la reine, tellement honteux du manquement à ses devoirs de leur fille, réalisaient tous les désirs de leur hôte forcé. Mais ses exigences étaient si fréquentes qu'ils construisirent un ascenseur au centre de la tour actionné au moyen d'une grande roue entraînée par des chevaux de trait. Et grâce à cet ingénieux système, le roi, la reine et l'ensemble des serviteurs arrivaient plus rapidement à la chambre et surtout moins essoufflés. Quatre saisons défilèrent ainsi entre les jérémiades du prince et les inquiétudes de la cour au sujet de la princesse. Plus le temps passait, plus le prince soupçonnait sa future belle-famille de lui cacher la vérité et d'ourdir un complot contre lui. Mais la famille royale était en plein désarroi, le petit oiseau des fées n'était pas revenu. Des messagers avaient été envoyés aux six coins de la contrée qui revenaient avec d'incroyables rumeurs : la princesse aurait traversé la grande mer, vaincu un dragon et même aurait ouvert une boutique prospère de bijoux à la Grande Capitale. La reine se morfondait, le roi ne parlait plus, même le fou de la cour était devenu sérieux. Les voyageurs évitaient ce royaume tant la tristesse était lourde. La honte provoquée par la non-présentation d'une princesse endormie lorsqu'un prince se présente était une grave faute dans le monde des contes et cela avait totalement discrédité le royaume aux yeux de tous. Il était devenu le sujet principal des moqueries et des blagues. Bref, ce n'était pas la joie. Puis le petit oiseau revint.

« Cui,cui, chanta-t-il bruyamment dans la salle du trône.

- Comment ? dit le vieux roi en levant ses yeux fatigués.

- Cui, cui.

- Elle revient, s'écria la mère.

- Cuoui, Cuoui ! »

La nouvelle se répandit comme une traînée de poudre et tout le château se retrouva en haut des remparts à observer le chemin, même le prince avait quitté sa couche pour se poster à la fenêtre. Au loin, une troupe de quelques cavaliers, mais point de carrosse. La reine s'interrogea : « Est-ce des éclaireurs ? ». La troupe était menée par un élégant cavalier portant un chapeau au large bord et une élégante veste de cuir. « Est-ce un prince qui viendrait réclamer la princesse ? », se demanda le roi. « Et si c'était la princesse ? » dit sérieusement le fou. Le roi esquissa un sourire, le fou était redevenu fou. La grille d'entrée s'ouvrit sur le groupe de cavaliers qui mit souplement pied à terre. Toute la cour du roi redescendit dans son endroit de prédilection, la cour.

« Je ne suis pas fou, s'exclama le fou.

- Ma fille que fais-tu dans cet accoutrement ? dit la reine sentencieuse reconnaissant sa fille sous le grand chapeau. Ce n'est pas digne d'une princesse. Tu devrais avoir honte.

- Et où étais-tu pendant tout ce temps ? dit froidement le roi.

- Bonjour père, bonjour mère, dit doucement la princesse, en saluant de son chapeau avec une grande révérence.

- Depuis quatre saisons, ton prince t'attend, continua le roi.

- Je l'ai bien attendu cent ans.

- Et ton absence nous a fait devenir la risée des royaumes de la contrée.

- J'ai entendu ça.

- Et tu n'es pas revenue… dit la reine

- J'avais à faire, dit fermement la princesse.

- Eh bien maintenant tu vas réparer ta faute, dit le roi en voulant lui prendre d'autorité le bras, mais aussitôt l'escorte de la princesse s'interposa en dégainant des épées brillantes de magie.

- Mais qu'est-ce que cela veut dire ? dit la reine effrayée.

- Reculez, je vous prie, dit tranquillement la princesse à son escorte.

- Bien Bella, répondit leur capitaine.

- Bella ? demanda la reine.

- C'est mon nom de combat que l'on m'a donné lorsque j'ai vaincu le dragon de Disperode.

- C'est donc vrai, s'étonna le roi.

- Bien sûr. Je vous accompagne père auprès du prince », dit-elle en lui prenant gentiment le bras.

La cour était fortement impressionnée par l'assurance de la princesse. Elle semblait revenir de loin, ce qui était le cas d'ailleurs. La princesse et ses parents prirent l'ascenseur qui les emmena lentement vers le haut de la tour. Pendant la montée qui amusait beaucoup la princesse, la reine conta les agissements de son futur mari. « Il n'est pas encore mon mari » répondit-elle.

« Mais tu n'as pas à choisir s'exclama le roi.

- La princesse peut-être, Bella, elle peut choisir.

- Tu as bien changé ma fille. Jamais tu n'aurais osé me répondre auparavant.

- Excuse Bella, dit la princesse, mais elle a vécu tant de choses durant ces quatre saisons, elle a rencontré tant de princes.

- Ah ! oui ? » dit la reine subitement très intéressée.

L'ascenseur s'immobilisa enfin à destination. Le prince s'était recouché et semblait dormir.

« Le prince a été endormi par une mauvaise fée ? demanda moqueuse la princesse.

- Non, je ne crois pas. Juste avant ton arrivée, il nous réclamait encore de la nourriture, dit le roi curieux.

- Jamais ce prince n'a émis l'idée de me rechercher quand il a vu que je ne l'attendais pas ?

- Jamais ! D'après lui, nous étions responsables de ta disparition. Il avait fait sa part de travail, vaincu le dragon, franchi les ronces impénétrables et bien d'autres exploits qu'il ne voulait pas nous raconter de peur, disait-il, d'augmenter notre honte.

- Et pour cause…

- Comment ça ? réagit la reine - léger haussement de sourcil du prince.

- Reprenons depuis le début. Je me suis réveillée toute seule, sans l'aide d'un prince ou d'autre chose. Vous étiez tous endormis. Le sort de la sorcière avait eu quelques ratés. Pendant une semaine, j'ai attendu suivant les conseils de l'oiseau, puis lassée par l'ennui, je réussis à fuir le château par le souterrain. Sur le chemin, je croise le prince qui galopait vers le château. Mais il ne me reconnut pas.

- Oh ! Le scélérat, dit le roi.

- À sa décharge, je ressemblais plus à une souillon avec mes haillons sales.

- Ta cousine Cendrillon aussi !

- Bref, il repartit au grand galop, je le poursuivis comme je pus. Quand il arriva devant le mur de ronces…

- Il se battit vaillamment pour s'ouvrir un passage, s'exclama le roi.

- …qui s'ouvrit à son approche et se referma derrière lui, ne me laissant aucune chance de le suivre, car, je l'ai appris plus tard, seuls les princes de sang pouvaient passer et pas les princesses. Tel était le sortilège.

- Mais il a vaincu le mur de ronces puisqu'il a disparu depuis.

- Tout de suite ?

- Non, seulement deux jours après notre réveil, dit la reine songeuse.

- Et pour cause… dit mystérieusement la princesse.

- Tu vas nous faire languir tout au long de ton récit de cette façon ? s'énerva le roi.

- Bien. Ne pouvant regagner le château par le chemin par lequel j'étais venue, j'en fis le tour à la recherche d'une autre entrée, quand dans une clairière je découvris un chevalier agonisant couvert de brûlures.

 - Le dragon de Dispérode me dit le chevalier.

- Vous dites ?

- Prenez mon épée enchantée et vengez-moi !

- Mais je suis une princesse !

- Vous êtes envoyée par les dieux…

- Mais non !

- Que vous le vouliez ou non, votre destin est scellé. Le prince qui devait venir nous aider à tuer le dragon n'est jamais venu. Et le dragon demande sa pitance, du sang royal et seul les coups portés par une personne de lignée royale peuvent le blesser ou le tuer.

- Mais je ne suis jamais battue, je suis une princesse, insistai-je.

- Qu'importe, mes loyaux chevaliers vous aideront, ainsi que mon épée magique.

- Et c'est ainsi que le chevalier mourut dans mes bras. Entretemps, ses chevaliers étaient arrivés et ils avaient assisté à toute la scène. Ils se mirent aussitôt sous mes ordres. Je ne savais que faire. L'un des chevaliers m'emmena au centre de la clairière tandis que les autres s'occupaient du défunt.

- Vous allez apprendre à vous battre. Prenez l'épée enchantée et faites-lui honneur.

- Mais je suis une princesse, rabâchai-je.

- Votre destin ne vous appartient plus. En garde !

- Je pris l'épée qui comme par enchantement devint légère entre mes mains tout en gardant son impact lourd et tranchant. Ma vitesse d'exécution était incroyable, et mes cours de danse m'ayant procuré une grande souplesse et de l'endurance, j'appris rapidement les rudiments du combat et après deux heures, le chevalier s'arrêta d'épuisement, avec sa lourde épée et son armure. Puis chacun des autres chevaliers vint s'étalonner contre moi en combat singulier, et tous repartirent épuisés.

- Vous êtes digne d'être chevalier, l'épée a trouvé son maître ou plutôt sa maîtresse. Demain, il vous faudra combattre le dragon de Dispérode pour conquérir le fait d'armes qui vous fera entrer dans la légende.

- Et le lendemain nous partîmes à deux lieux d'ici, pour le grand cirque de Lutium dans lequel depuis un siècle le dragon de Dispérode avait élu domicile. Ce dernier voletait tranquillement au centre du cirque gardant l'entrée d'un souterrain. Je vous fais grâce de la description du combat qui dura toute la journée. Quand enfin je lui portai le coup fatal à la gorge, la forêt de ronces se retira aussitôt.

- Tu as tué le dragon ! s'exclama la reine.

- Et pour cause…

- C'est agaçant, dit le roi.

- Évidemment, puisqu'il ne l'avait pas fait lui, dit la princesse en donnant un coup de pied dans le lit où semblait dormir le prince qui ne broncha pas. Dans le souterrain que protégeait le dragon, nous découvrîmes un atelier de sorcelleries avec des baguettes magiques, des pommes empoisonnées, des miroirs parlants, un rouet empoisonné, un balai volant et plein d'autres choses ; mais surtout le diamant de l'espérance qui avait été volé au royaume Loinlabas.

- Le diamant vert aux dix mille facettes !

- C'est pour ce diamant que les chevaliers étaient venus de si loin et sachant que la mort du dragon désenchantait le mur de ronces, ils avaient demandé de l'aide au prince, dit la princesse en redonnant un coup de pied dans le lit.

- Mais pourquoi n'était-il pas venu ?

- Demandez-lui, dit-elle en redonnant un coup de pied dans le lit. En tout cas, je me devais de rapporter le diamant au royaume Loinlabas. Après un long voyage plein d'embûches au cours duquel les chevaliers me surnommèrent Bella, nous arrivâmes au royaume Loinlabas où je fus accueillie comme une reine, redonnant l'espérance à tout un peuple. Je fus récompensée par une mine de diamants que je pouvais exploiter à ma guise. Ce que je fis, en ouvrant une bijouterie à Grande Capitale sur le chemin du retour. Puis après quelques petites quêtes et visites, au fait, je dois vous transmettre les meilleures amitiés des fées.

- Si je les tenais celles-là ! ragea le roi.

- Me voilà revenue.

- Ma fille, tu es une vraie aventurière, bien plus riche que notre royaume.

- J'allais oublier, le prince du royaume Loinlabas a demandé ma main, j'ai préféré différer ma réponse pour connaître votre avis.

- Quoi ! s'exclama soudainement le prince. Vous me l'aviez promise, jura-t-il en se relevant sur son séant.

- Vous êtes réveillé, dit la princesse nullement surprise.

- Elle est à moi, dit le prince en la regardant droit dans les yeux. D'ailleurs messire le roi, demandez à votre fille de se recoucher dans ce lit qu'elle n'aurait jamais dû quitter.

- Pas très charmant le prince, remarqua la princesse.

- Qu'elle se couche ! Elle a transgressé les règles des contes. Elle est fautive.

- Allons bon ! Vous aussi, vous avez transgressé les règles.

- J'ai franchi les terribles ronces après un périlleux combat.

- Menteur, j'ai vu les ronces s'ouvrir devant vous.

- Euh ! Un petit peu, car les ronces ont eu peur de mon courage et du périlleux combat que j'étais prêt à faire. Et puis j'ai monté toutes les marches pour venir dans cette chambre et j'ai réveillé tout le château.

- Quel courage, commenta ironique Bella. Pour le réveil du château, les fées m'ont précisé que la présence d'un sang royal suffisait pour rompre le sortilège. Et le dragon de Dispérode ?

- Je ne l'ai pas trouvé.

- Disons plutôt que vous n'avez pas trouvé le chevalier avec qui vous aviez rendez-vous, car vous étiez totalement saoul avec vos amis. Le chevalier a essayé de vous dessaouler, mais vous avez refusé en disant que vous n'aviez pas besoin de tuer le dragon pour avoir la princesse.

- Ce n'est pas vrai.

- Vous voulez que je fasse monter un des chevaliers de ma garde, témoin de la scène ?

- Non, non.

- Et vous avez ajouté, la princesse dort depuis un siècle, elle peut attendre encore un peu.

- Et alors ? Si les fées n'avaient pas raté leur coup, vous n'auriez rien su. Assez parlé. Vous êtes ma princesse et je suis votre prince, vous devez vous recoucher pour que je vous bai... euh ! Que je vous embrasse enfin.

- Que dois-je faire mère ?

- Je suis désolée ma fille, mais tu dois respecter les règles des contes, sinon le monde marcherait à l'envers. Tu dois te recoucher.

- Et qu'en penses-tu père ?

- Dites prince, de quel royaume êtes-vous déjà ?

- Du royaume Toutpresdici.

- Un royaume deux fois plus petit que le nôtre, le royaume Dici ?

- Oui, je crois.

- Et le royaume Loinlabas est très grand, n'est-ce pas ma fille ?

- Oui, et surtout beaucoup plus riche.

- Et le prince de Loinlabas ?

- Beau, très beau !

- Alors, n'hésitons pas mon roi, sans te commander, demandons au prince de Loinlabas de venir embrasser notre fille et ainsi les règles des contes seront sauves.

- Et puis il embrasse si bien…

- Comment ? dit le prince Toutpresdici.

- Rien, rien, dit la princesse dans un grand sourire.

- Tu as raison ma reine. Désolé prince Toutpresdici, vous devez partir.

- Je me vengerai ! Ce sera la guerre !

- C'est ça, c'est ça… Allez ! »

Le prince quitta enfin la chambre au grand soulagement de tous les domestiques.

- Eh bien, ma fille, il ne te reste plus qu'à te recoucher et attendre ton prince que nous allons envoyer chercher arrive.

- Ton père a raison.

- Non, Bella a du travail. Je dois ouvrir une bijouterie à Petite Capitale et j'ai entendu qu'une méchante sorcière effrayait un village…

- Mais si le prince de Loinlabas arrive et que tu es absente, le cirque va recommencer, s'exclama une dernière fois le roi.

- A la seule la différence que le prince me connaît et que je lui aie fait la promesse d'être sienne. Alors, il saura m'attendre, car il sait qu'un jour sa princesse viendra.

La petite énigme de fin

L'inspecteur était face à un problème insoluble. Pour entrer dans l'appartement, le serrurier avait dû batailler pendant une demi-heure contre la porte blindée. Le coup de feu avait alerté tout l'immeuble qui s'était instantanément retrouvé sur les paliers, aussi bien en dessous qu'en dessus ou sur le même palier. Si bien qu'aucune personne sortant de l'appartement n'aurait échappé aux regards des habitants de l'immeuble. À l'intérieur de l'appartement, toutes les fenêtres étaient fermées et les volets avaient été tirés par cette nuit froide d'hiver. La victime avait une balle en plein front et l'arme se trouvait à trois mètres de lui. Personne d'autre n'habitait les lieux. L'homme était un écrivain de roman d'espionnage, de roman de gare comme on dit vulgairement. Il était en cours d'écriture. L'inspecteur se demandait comment l'assassin avait pu s'échapper. Il se retrouvait face à une énigme de chambre close que tous les amateurs de roman policier adorent. Quand l'inspecteur remarqua un magnétophone qui enregistrait encore. Il l'arrêta, rembobina l'enregistrement, mit en lecture et il entendit ceci :

« Qui êtes-vous ?

– Je suis… »

    Veuillez nous excuser de l'interruption de ce récit. Les syndicats des auteurs associés et dissociés ont émis un appel à la grève immédiate. Les maisons d'édition, les sociétés de production des séries télé et cinématographiques traitant les créateurs comme des esclaves obligent ces derniers à cesser tout travail de création. Nous sommes obligés aujourd'hui d'écrire un tas d'idioties sensées intéresser les masses laborieuses et les laisser dans la fange dans laquelle les producteurs avides de bénéfices les laissent en leur vantant que cette boue est du meilleur goût. Pour une totale liberté de création, le syndicat des auteurs a décidé pour l'ensemble de toutes les histoires en cours d'entamer immédiatement une grève de la fin !

(c) 2010, Gilbert Solet
Edition : Books on Demand GmbH, 75008 Paris
Impression : Books on Demand GmbH, Allemagne
ISBN : 9782810612178